Sendas literarias

Guía del maestro

Aída Walqui-van Lier
Ruth A. Barraza

HH Heinle & Heinle Publishers
An International Thomson Publishing Company
Boston, Massachusetts   02116   U.S.A.

Manufactured in the United States of America

ISBN 0-8384-5136-5

10 9 8 7 6 5 4 3 2 1

⇥ Contenido ⇤

◆ Preface ◆

Dr. Richard Donato

Associate Professor of Foreign Language Education
Department of Instruction and Learning
School of Education
University of Pittsburgh

Introduction

Sendas literarias is an innovative and exciting program for Spanish-speaking students in middle or secondary school. The program is unique for two reasons. First, unlike the majority of our students, the students using this program are native Spanish-speaking students. *Sendas literarias* helps these learners maintain and refine their native language skills while studying English as a second language or other courses in English. Native speakers bring comprehension and speaking abilities to the classroom, and *Sendas literarias* enables these students to develop literacy for academic purposes. It has been found that once students develop academic skills in their native language, those skills can be transferred to their new language and can facilitate the use of that language in other subject areas. Thus, *Sendas literarias* acts as a bridge to help native speakers of Spanish develop their native language skills—both interpersonal and academic—and, at the same time, grow in their ability to be successful in school.

A second innovation of *Sendas literarias* is its approach, which coherently builds on teaching for understanding, metacognition, and holistic view of literacy development. *Sendas literarias* responds directly to the needs of native speakers by acknowledging and building upon the linguistic and cultural knowledge they bring to the language classroom. The initial assumption for this methodological emphasis is based on the acknowledgment that students are not studying a language that is foreign to them, but a language in which they possess varying levels of ability.

What is our approach?

Some of the central ideas and philosophies upon which we've based our approach to teaching and learning in *Sendas literarias* are the following.

1. Authenticity

Consistent with a whole-language approach, language is only meaningful when it is natural and whole. To become competent members of a language-using community, learners must encounter language in whole, authentic texts and use it as a tool for carrying out meaningful activities. This notion underlies the basic philosophy of *Sendas literarias*. Think of children as they go about learning their first language and you will soon realize that the language they acquire is first experienced in authentic and purposeful activities with more linguistically competent members of their culture. Playing games, helping to prepare a meal, shopping, or taking walks are all examples of authentic activities in the lives of children where speaking, reading, and writing are used in meaningful and purposeful ways. For example, when we go to the grocery store with a child, we may talk about what we need to buy, write and read lists, read labels and signs, and, while we are shopping, speak and listen to each other.

Unlike students in a classroom where a foreign language is presented in discrete, controlled, and sometimes edited dosages, a child in the real world encounters language in whole texts. These real-world texts are often interesting stories, fables, or fairy tales. The language of stories that a child routinely hears is a rich context of well-developed and engaging plots, intriguing characters, and human experiences. This context, and the assistance of another person, supports the authentic language of the story, making it comprehensible and memorable. If you think of your experiences with language, you can probably remember specific situations where you learned a new word or expression or suddenly understood a specific point of grammar. This experience is the by-product of encountering language in authentic contexts that clarified meaning and helped anchor the new language in your memory. The pedagogical approach used in this book draws on the lessons learned from children who, with adult support and guidance, develop oral and literacy skills from the "authentic texts" of their culture. Reading, writing, and syntactic and vocabulary development emerge spontaneously from interacting with these cultural texts. Later, schooling helps to define and give shape to what has been experienced in the real world. As children play with words in speech and invent spellings in writing, they are learning powerful lessons about language—how it works and what is valued in a language-using community.

2. Social Interaction

Levy Vygotsky, a Russian psychologist, proposed that thinking and learning are developed in social interaction. Learning does not occur exclusively in the head of the learner but originates between individuals in social interaction. Other more linguistically competent people assist and guide us in completing activities and tasks that are beyond what we are capable of doing alone. Vygotsky also said that "what the child can do in collaboration today, he will be able to do alone tomorrow." Quite naturally in the daily activities of life, adults and more competent peers help children conceptualize problems, define procedures for solving them, reduce their frustration, and maintain their involvement and motivation in completing highly complex and demanding tasks. Unlike classrooms, where students sit passively and listen to a teacher talk about parts of tasks, the everyday world engages learners in carrying out whole tasks through the responsive assistance of another. In time, learners gain the competence to carry out tasks autonomously. This achievement is the result of several experiences with more knowledgeable individuals who serve as guides to learning how to think with language. Similarly, the teaching and learning principles in *Sendas literarias* are based on the structuring of social interactions between the teacher and students, as well as among students themselves, to provide these natural learning supports that, as human beings, we use quite intuitively and naturally.

3. Skill Integration

Sendas literarias views all the language skills as working together to help support the acquisition of each. Speaking, reading, writing, and listening are interrelated and cannot be taught or developed in isolation from one another. When we read a story, we can discuss our opinions and reveal our understanding of a text. When we write letters, we provide others with the opportunity to read our thoughts. When we listen to others, we show interest, voice reactions, or contribute to the discussion by speaking. When we speak, we offer others the chance to listen and comprehend. Current understandings of teaching and learning recognize the interdependence of language skills and the ability for one skill to reinforce another. Just as learning cannot take place solely through the effort of one individual, one language skill cannot be fully developed in the absence of the others.

4. Learning Strategies

Traditionally students have thought that being a "good student" is an innate capability that some students possess and other do not. This presents them with a fatalistic view of education. Informing students about learning strategies may help them become better problem-solvers. Metacognition, the ability to think about thinking processes, to plan and to self-assess, can be liberating and empowering to students. When they have several ways to tackle a specific learning situation, students feel more in control of their own learning. That is why many of the strategies in *Sendas literarias* involve conscious "plans of attack" (such as reciprocal teaching, for example) that foster learner autonomy.

How is *Sendas literarias* organized?

Throughout *Sendas literarias*, you will see these four hallmarks used as the basis for lesson design. The program incorporates authentic text drawn from literature and illustrates a variety of genres, including short stories, legends, poems, drama, essays, and novels. It is also thematically organized around topics relevant to the lives of students. Selections have been chosen to represent the many realities that comprise the Spanish-speaking world. Thus, the language-learning activities based on these selections and themes are also meaningful and connected to student experiences Through a variety of activities based on authentic texts, students are encouraged to engage in higher level thinking, using language as a powerful tool for building their thoughts and sharing them with others. Reading, writing, listening comprehension, speaking, and vocabulary are developed holistically and reinforce one another, rather than being presented as isolated skills to master. The frequent use of pair and group activities, enables learners to benefit from the assistance of others, learn from their interactions, and, over time, develop the ability to be autonomous learners and language users. *Sendas literarias* offers students consistent opportunities to plan and reflect on their own learning, thus fostering learner autonomy.

The book comprises five units, each organized around a central theme. Each unit's literary selections reflect and explore diverse aspects of the central theme. Colorful photographs and works of art also add coherence to the unit and support the reading themes. Units have been subdivided into lessons, each lesson following a predictable pattern of prereading, reading, and postreading activities. The organization of each lesson and its activities can be conceptualized as bringing students "into the text," guiding them "through the reading," and extending their comprehension and language skills "beyond the text." The following summary will familiarize you with the goals and typical activities of each of the lesson sections.

Alistémonos para leer

Alistémonos para leer are prereading ("into") activities that set readers on a literary journey by sparking their interest and preparing them to comprehend and interact with the text. These activities allow students to establish a personal connection with the theme of the reading, call attention to what they already know about the theme, and build the knowledge they need to comprehend the text. Students will also establish a purpose for reading by setting goals, anticipating or making predictions about the passage, and posing questions that the text could potentially answer.

Leamos activamente

Leamos activamente, or reading ("through"), activities are designed to promote the learners' active engagement and interaction with the lesson's literary selection. As students read, they will be asked to establish connections between different elements or portions of the text and to think about how the text connects to their own personal experiences. While reading, students will also explore their reactions to the passage by summarizing, asking and answering questions, predicting what will occur, drawing inferences and conclusions, reflecting on the theme, and evaluating the issues presented. Through dramatization, journal writing, graphic organizers, and other techniques, students interact with the text to create meanings and interpret the literary selection.

Ampliemos nuestra comprensión

In **Ampliemos nuestra comprensión**, students use the knowledge they constructed by interacting with the reading to deepen their comprehension of the text, integrate reading with other skill areas, and extend the theme of the reading in new directions. These activities help students evaluate the text holistically and in relation to their ever-increasing knowledge. As students move "beyond the text," they will synthesize ideas; refine, modify, and extend prior knowledge; critically analyze positions presented in the text; and consider alternatives to the contents of the reading. The goal of the final set of activities is to strengthen and refine student understanding and extend the text into the future as students' reading and speaking capabilities develop over time.

A Traditional Concern about an Innovative Program

An issue that continually surfaces whenever we review or adopt a new textbook program is the teaching of grammatical concepts. Within our teaching and learning framework, this issue becomes all the more important because teaching and learning require rethinking what it means to "teach language structure." The following section will attempt to clarify a few important notions concerning the teaching of grammar within this perspective.

How do I teach grammatical structures?

Teaching grammar in *Sendas literarias* should be consistent with our proposed pedagogical approach. Rather than begin with the parts of language to be learned, grammar is assimilated through context and from authentic, whole texts. This approach differs from traditional grammar teaching that views grammar as the core of instruction and the justification for text selection and classroom activities. In *Sendas literarias* students begin with whole texts, then move to the parts for clarification and refinement. The texts that serve as points of departure for reflecting upon the systematic aspects of Spanish may be the literary selections found in each chapter or the students' own writing assignments. Students are asked to write often throughout each unit and in their writings they will begin to "put on" the authentic models of language found in the readings. When students write to be read by others, they will become aware of the need to attend to formal accuracy, issued of coherence, and word choice. Peer editing and class publication activities have been built into the lessons for this reason. Students will begin to focus on what problems they may be having. This will alert the teacher to which topics need to be addressed in formal presentations on grammatical structure.

When formal instruction on grammar is necessary, the texts themselves may be used as a basis for the lesson. Think of the text as the whole and grammar as its parts. If we maintain the philosophy that language is learned through whole, meaningful, well-organized texts, then the cycle of teaching grammar means that we move from whole to part and from part on to a new whole text.

When you discover a problem with grammar in the students' speech or writing, you may choose to use the literary selection itself as an illustration of the target structure. Not all selections may be useful for teaching all the elements of grammar, but often a text is replete with recurring structures and syntactic patterns. Reviewing the text for its potential usefulness as a tool for raising student awareness about grammar can help you decide how the passage can be used as a basis for a grammar lesson. After asking students to locate certain grammatical features of the text, you may need to guide them, through your questions, to discover how the structure is formed, where it is used, or why it is chosen.

Just as discussions of a piece of literature build students' critical reading abilities, discussions of grammatical topics enable students to construct, with the assistance of the teacher and other students, an understanding of the grammatical point in question. By co-constructing an explanation of specific structures in the text, students are able to progress toward a better understanding of their language's grammar, and teachers become aware of their students' emerging conceptions about this grammar. After the point of grammar has been discussed and specific examples in the text examined, postreading activities will allow the students to integrate their new knowledge into what they already know.*

We hope that you will find *Sendas literarias* stimulating, exciting, and thought-provoking. The program represents a new approach to the instruction of an increasingly larger population of students who are continuing to develop skills and cultural understanding in their mother tongue. As teachers of this program, you are indeed explorers of this new approach to language instruction and advocates for our native Spanish-speaking students.

---

* This approach is known as PACE and can be found in The Teacher's Handbook by Shrum and Glisan (Heinle & Heinle, 1994). Chapter 6, written by Adair-Hauck, Donato and Cumo, explains the PACE model and provides specific examples.

Por los caminos del recuerdo

Lea con sus alumnos el poema con que se inicia la unidad y el párrafo de introducción. Dirija una breve discusión sobre el tema de la unidad.

A través de esta unidad se desarrollan los siguientes objetivos:

1. La enseñanza de la lectura como proceso, que consta como mínimo de tres etapas:

   a. una etapa de preparación: *Alistémonos para leer.*

   b. una etapa de interacción constructiva con el texto: *Leamos activamente.*

   c. una etapa de extensión crítica y creativa: *Ampliemos nuestra comprensión.*

2. Enseñanza de la escritura como proceso:

   a. actividades de aprestamiento, redacción, revisión y respuesta de compañeros

   b. reacciones rápidas a situaciones concretas (escritura rápida)

   c. escritura de poemas

   d. redacción de ensayos de comparación y contraste

   e. redacción de un ensayo argumentativo

   f. escritura de cartas y tarjetas postales

   g. escritura de diálogos

   h. redacción de un incidente autobiográfico

3. Manejo de elementos literarios

   a. Narrativa:

      ambiente

      punto de vista

   b. Poesía lírica:

      tono

      rima

      imágenes

      recursos literarios: metáfora y símil

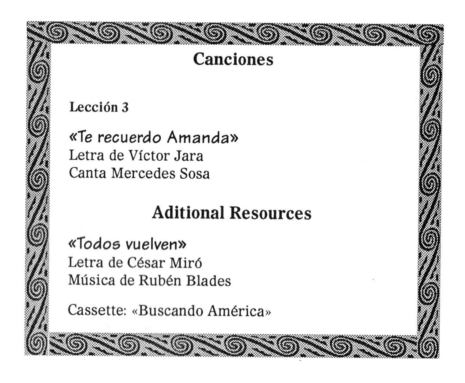

Canciones

Lección 3

«Te recuerdo Amanda»
Letra de Víctor Jara
Canta Mercedes Sosa

Aditional Resources

«Todos vuelven»
Letra de César Miró
Música de Rubén Blades

Cassette: «Buscando América»

Un oso y un amor

1

Sabine Ulibarrí es un escritor mexicano-americano que creció en Tierra Amarilla en Nuevo México. En sus cuentos nos muestra sus propias vivencias, a la vez que recrea la vida apacible y armoniosa de esa región. Como el propio Ulibarrí nos cuenta, el español era hablado no sólo por los hispanos que se habían establecido en esa región siglos atrás, sino por los indios Pueblo y por los anglo-americanos recién llegados.

Alistémonos para leer

✂ Escritura rápida

Para comenzar la lección pida a los alumnos que escriban en sus diarios siguiendo las instrucciones de esta actividad. Una escritura rápida tiene como objetivo el recordar vivencias que son importantes para entender la pieza literaria que se va a leer. Insista en que los alumnos escriban rápidamente sin preocuparse mucho de la ortografía o de la redacción.

✂ Ramillete de ideas

Pida a los alumnos que, trabajando en parejas, exploren las ideas que les sugiere el título del cuento. Dígales que copien el diagrama en sus cuadernos dejando suficiente espacio para anotar todas las ideas que se les ocurran. Pida a algunos alumnos que compartan sus anotaciones con el resto de la clase.

Leamos activamente

⚜ Preguntas de enfoque

Estas preguntas sirven para enfocar la atención de los estudiantes en algunos aspectos del cuento. Si le parece conveniente, puede agregar otra pregunta más. Sin embargo, no es conveniente utilizar más de tres preguntas de enfoque, ya que la idea es guiar la atención hacia aspectos esenciales del cuento y no hacia detalles.

⚜ Lectura

Inicie usted la lectura del cuento en voz alta. Combínela luego con lectura silenciosa y lectura en voz alta por parte de algunos alumnos. Haga pausas para explorar temas, anticipar acontecimientos y hacer preguntas.

Cuando se pide a los alumnos que lean silenciosamente una sección de un texto, es recomendable darles un objetivo para la lectura. Éste puede ser: contestar una o dos preguntas, llenar información en un cuadro o en partes de un cuadro, ilustrar, etc. Cuando uno no señala un objetivo para la lectura en silencio, se corre el riesgo de que los alumnos se desconecten de la actividad, pues no hay manera de constatar su participación activa en la lectura.

⚜ Retablo

Antes de empezar esta actividad, lea con los alumnos los apuntes literarios. Entregue una hoja de papel de construcción de 11 x 17 a cada estudiante y explíqueles que van a hacer un retablo basado en el cuento. Si le es difícil conseguir este papel, puede utilizar hojas de tamaño legal.

Para la elaboración del retablo deben seguir las instrucciones que se dan en el texto del alumno. Esta actividad permite que los alumnos regresen al cuento con la intención de enfocar su atención en el manejo lingüístico de Sabine Ulibarrí.

✂ Cuadro de comparación y contraste

Este cuadro tiene como fin lograr que los estudiantes comparen las relaciones y experiencias de los jóvenes del cuento con sus propias experiencias. Pídales que copien el cuadro en sus cuadernos, indicándoles cuántas líneas deben dejar para cada sección (aproximadamente cinco por categoría). Se puede usar la *Transparencia 2* al explicar la actividad.

Las ventajas intelectuales que presenta la utilización de cuadros de comparación y contraste son muchas. Por un lado, permite que los alumnos analicen dos realidades diversas de manera organizada, subdividiéndolas en categorías relevantes. Por otro lado, sirven para guiar a los alumnos en la elaboración de presentaciones orales o escritas. Una última ventaja es que permiten que al lector no se le escapen detalles de importancia en el texto.

También puede utilizarse un diagrama de Venn para establecer comparaciones. Con este diagrama la clara ventaja es que no sólo se buscan las diferencias, sino también las similitudes. La desventaja es que se anotan las características de manera menos sistemática. Cuando el (la) maestro(a) está consciente de la función y relativa ventajas y desventajas de cada diagrama, podrá utilizarlos más apropiadamente. Su selección también deberá estar basada en las necesidades de apoyo que requieran los alumnos. La meta es que los estudiantes puedan, eventualmente, comparar de manera efectiva dos realidades sin recurrir a la utilización de cuadros organizadores.

2 Yo voy soñando caminos

Alistémonos para leer

«Yo voy soñando caminos...» es un bellísimo poema del escritor español Antonio Machado. El poeta se encuentra al final del camino de la vida y recuerda con nostalgia un amor de su juventud que le causó gran pena: «En el corazón tenía / la espina de una pasión...» Ahora, en el ocaso de su existencia, desearía volver a sentir esa pasión, aunque le volviera a causar dolor: «Aguda espina dorada / quién te pudiera sentir / en el corazón clavada».

Antes de empezar la lectura del poema, repase con los alumnos los *Apuntes literarios* de esta lección. Trate de repasar estos apuntes siempre que se presente la ocasión a través de las lecturas del texto.

Leamos activamente

Lectura del (de la) maestro(a)

Al leer el poema en voz alta trate de darle la entonación apropiada para ayudarlos a apreciar la musicalidad y cadencia de la poesía.

Cuadro de tres columnas

Dígales a los alumnos que copien el cuadro en sus cuadernos. Los alumnos deben completar la primera columna individualmente. En sus grupos, cada estudiante lee su interpretación y las preguntas que anotaron. Después de la discusión completarán la columna del medio de común acuerdo. La tercera columna debe ser completada nuevamente en forma individual. Es muy importante que los alumnos reflexionen sobre el proceso seguido y anoten los cambios que surgieron en su interpretación debido a la discusión de grupo. Puede usar la *Transparencia 7* al explicar la actividad.

Taller de composición

Ensayo de comparación y contraste

Repase con los alumnos el proceso de la escritura (use la *Transparencia 10*). El cuadro de dos columnas (la *Transparencia 11*) servirá como actividad de preparación. Guíe a los alumnos a través de todo el proceso. Si el ensayo les resulta un poco abstracto, puede sugerirles a los alumnos que escojan personas concretas y que, a través de ellas, muestren las diferencias entre las dos etapas de la vida. También pueden comparar sus puntos de vista con los expresados por el poeta.

Antes de escribir su copia final, es importante que los alumnos lean su composición a un(a) compañero(a) y se editen mutuamente.

3

Cuatro poemas

Leamos activamente

✂ Trabajo de equipo

En esta lección incluimos cuatro poemas de autores diferentes para que los estudiantes los lean y los analicen en grupos. Asígnele un poema a cada equipo. Mientras los alumnos trabajan en colaboración, paséese por la clase alentando a aquéllos que están completando el trabajo apropiadamente y ofreciendo sugerencias a quienes las necesitan.

En esta actividad los alumnos pondrán en práctica las técnicas utilizadas por el (la) maestro(a) en la lección anterior. Repase con ellos los pasos seguidos en el análisis (cuadro de tres columnas) del poema «Yo voy soñando caminos» y los *Apuntes literarios* de la Lección 2.

Ampliemos nuestra comprensión

✂ Afiche colaborativo

Los afiches producidos por cada equipo, de ser posible, deberán ser exhibidos por un tiempo en el salón de clase. Esto se sugiere con el objetivo de que los alumnos puedan aprender diseños alternativos al admirar las producciones de sus compañeros. Igualmente la exhibición sirve para motivar a los equipos a realizar un trabajo cada vez mejor en el futuro, ya que tendrán presente que éste será publicado. Por eso sugerimos que, de no haber lugar en las zonas comunes del salón, se consideren los espacios menos comunes como bajo las ventanas, cubriendo los vidrios de las ventanas o, con el permiso de la administración de la escuela, en otros lugares visibles y protegidos para evitar el grafiti tales como vidrieras.

Si ésta es la primera vez que los alumnos producen un trabajo colaborativo, no lo califique; si ya es la segunda o tercera experiencia, asígnele una nota igual a todos los miembros del equipo. Esta nota estará basada en la efectividad del proceso.

✂ Escucha y anota

Señáleles a los alumnos la correspondencia que existe entre la poesía y la música. De hecho, en sus orígenes la poesía lírica se cantaba acompañada del instrumento musical llamado *lira*. De ahí el nombre de lírica con que se designa esta poesía. Después de escuchar la canción del chileno Víctor Jara, cantada por Rubén Blades, anímelos para que recuerden y comenten algunas canciones que ellos conocen y que les parece especialmente poética. Podría utilizar algunas canciones de "Rap" para mostrar elementos de la poesía como la rima, por ejemplo.

Actividad adicional

✂ Proyecto especial

Anime a sus alumnos para que en equipos escojan para musicalizar uno de los poemas del libro. Después de unos días, los equipos presentarán su creación a la clase. Reconozca o alabe todas las presentaciones.

4 Mi planta de naranja-lima

Esta novela es una de las obras más importantes de la nueva narrativa brasileña. Su autor, José Mauro de Vasconcelos, nacido en Bangu, Río de Janeiro en 1920, nos cuenta en una prosa colorida y llena de ternura, la vida de Zezé, un niño de seis años. Las experiencias dolorosas que sufre este niño, matan muy temprano en su vida todas sus ilusiones. Para escapar de su triste realidad, Zezé se refugia en la amistad imaginaria que sostiene con su planta de naranja-lima a quien ha bautizado con el nombre de Minguito.

Alistémonos para leer

Entrevista en tres etapas

El objetivo de esta actividad es maximizar las oportunidades de participación oral para todos los alumnos en la clase. Sin estar conscientes de ello, los alumnos exploran repetidamente el mismo tema, cumpliendo tres diferentes funciones comunicativas: pedir información, darla y reportarla. La primera vez que presente esta actividad deberá modelarla cuidadosamente pidiendo a cuatro alumnos que se sienten frente a frente delante de la clase. Es esencial que usted dirija cada etapa indicando la transición de una a otra. El tiempo sugerido es: dos minutos para la primera y segunda etapas, cuatro para la tercera. Puede usar la *Transparencia 3* y el apéndice de estrategias en el libro de estudiante al explicar la actividad.

Procedimiento: Cuatro alumnos: a b
                                     c d

Primera etapa: Simultáneamente a entrevista a b y
                                    c entrevista a d

Segunda etapa: Simultáneamente b entrevista a a
                                    d entrevista a c

Tercera etapa: Turnándose: a informa a c y d acerca de b
                                b informa a c y d acerca de a
                                c informa a a y b acerca de d
                                d informa a a y b acerca de c

Leamos activamente

✂ Lectura en grupos de cuatro

Pida a los alumnos que lean el primer fragmento en sus grupos de cuatro. En este fragmento intervienen tres personajes: Zezé, don Arístides y Minguito, la planta de naranja-lima. Tres estudiantes pueden desempeñar estos tres papeles; el cuarto, leerá la parte narrativa, contada desde el punto de vista del propio Zezé.

Ésta es una buena oportunidad para repasar con los alumnos la puntuación de los diálogos en español. Explíqueles que se usa la raya y se comienza un nuevo párrafo cada vez que comienza a hablar un personaje. Igualmente deben ir entre rayas las explicaciones incluidas dentro de cada renglón. Al terminar la lectura del segundo fragmento, los alumnos van a escribir un pequeño diálogo para practicar esta destreza.

✂ Red de personajes

Este diagrama ayuda a los estudiantes a empezar a profundizar en los personajes, en sus acciones y sus motivaciones. Los alumnos deberán ir completándolo a medida que lean las distintas secciones de la novela. Al terminar el primer fragmento, ya estarán en capacidad de hacer algunas anotaciones sobre el protagonista de la obra. Pídales que, trabajando con sus compañeros de grupo, anoten algunos rasgos físicos y características personales de Zezé.

✂ Lectura silenciosa

Pida a los alumnos que lean la segunda sección silenciosamente.

✂ Piensa, anota y comparte

Esta actividad tiene como fin lograr que los estudiantes enfoquen su atención en el tema de la lectura que acaban de hacer. Lea con sus alumnos las instrucciones del manual para esta actividad y pídales que piensen su respuesta antes de empezar a escribir. Luego, debe darles de tres a cinco minutos para que anoten sus ideas y dos minutos para que las compartan con sus compañeros. Al compartir sus respuestas, cada estudiante debe **leer** sus anotaciones y no pasarle su hoja al (a la) compañero(a) para que las lea. Puede usar la *Transparencia 1* al explicar la actividad.

✂ Escritura de un diálogo

Dígales a los estudiantes que van a escribir un pequeño diálogo trabajando con un(a) compañero(a). Antes de que empiecen a escribirlo, repáseles la puntuación correcta. Este diálogo puede estar basado en una experiencia personal de alguno de los dos estudiantes.

✂ Cuadro de dos columnas

La siguiente sección de la novela narra las experiencias de Zezé el primer día que acude a la escuela para ser matriculado. Con el fin de enfocar la atención de los estudiantes sobre el tema del fragmento, pídales que copien en sus cuadernos el cuadro de dos columnas y lo completen individualmente. Déles unos cuatro o cinco minutos para hacerlo. Luego pídales que compartan sus anotaciones con un(a) compañero(a). Puede usar la *Transparencia 11* al explicar la actividad.

✂ Lectura en voz alta

La lectura de los tres últimos fragmentos se hará en voz alta. Inicie la lectura, haciendo pausas convenientes para conversar con los alumnos acerca de puntos importantes del cuento, o temas que no sean lo suficientemente claros. Pida luego a algunos estudiantes que continúen la lectura en voz alta.

Ampliemos nuestra comprensión

✂ Red de personajes

Esta actividad puede ser asignada como tarea para hacer en casa. Pida a los estudiantes que revisen las anotaciones que han estado poniendo en este diagrama durante la lectura y que lo completen para compartirlo con un(a) compañero(a).

Apuntes literarios

✦ Punto de vista

Explíqueles a los alumnos qué es el punto de vista de una narración. Pídales a los estudiantes que relean algunos pasajes de la novela y señalen palabras o expresiones que les indican quién está contando la historia. Anímelos a pensar en qué forma podría cambiar una narración si se cambiara el punto de vista. Por ejemplo: ¿cómo contaría la historia la maestra? ¿cómo la contaría la madre de Zezé?

✦ Taller de composición: Incidente autobiográfico

Pasos 1 a 4:   Guíe a los alumnos en la elaboración del diagrama de asociación de ideas, de manera que sepan representar categorías de información y subcategorías. Los alumnos pueden compartir sus diagramas con un(a) compañero(a) y explicarle los detalles del incidente que han escogido. El resto del período de clase los alumnos escriben el primer borrador de su composición. Como tarea, los alumnos deben hacer una primera revisión de su redacción teniendo en cuenta las preguntas anotadas en el manual del estudiante.

Pasos 5 y 6:   Divida a los estudiantes en grupos de cuatro para que hagan una segunda revisión de sus composiciones. Es muy importante que les explique a los estudiantes el proceso que van a seguir en sus grupos de respuesta. Cada estudiante debe leer en voz alta su composición. Los demás miembros del grupo escuchan atentamente y toman notas si lo creen necesario. Al finalizar la lectura, los otros estudiantes harán sus comentarios y sugerencias siguiendo las indicaciones que se les dan en el libro de texto. El (La) estudiante que ha leído su trabajo, escucha sin discutir y hace anotaciones en su copia. Deberá aclararles que al escribir la versión final de su composición, pueden o no usar las sugerencias de sus compañeros. Son ellos quienes deciden.

✦ Tarjeta postal

Entregue a los alumnos una tarjeta de 5 x 8 para que elaboren una tarjeta postal. Este trabajo combina el uso de destrezas artísticas en el dibujo de la postal y de la estampilla con la práctica en la escritura de mensajes sintetizados. Cerciórese de que la dirección y el texto de la postal sean apropiados.

5

El beso de la patria

Alistémonos para leer

✂ Rompecabezas de predicción

El objetivo de esta actividad es estimular la capacidad de predicción de los alumnos. Los estudiantes van a formar grupos de cuatro. A continuación tiene usted las cuatro oraciones seleccionadas. Escríbalas en una hoja en blanco y cópiela las veces que sea necesario. Por ejemplo: si tiene una clase de 32 alumnos necesita ocho copias ya que la hoja será dividida en cuatro. Separe cada hoja en sobres diferentes y entregue uno a cada grupo de cuatro.

Pida a los alumnos que se distribuyan las tiras sin leerlas. Cada alumno(a) leerá su tira silenciosamente y tratará de imaginar parte de la temática del cuento basándose en el fragmento. A continuación, en sus grupos, los alumnos compartirán sus predicciones y su oración en ese orden. Dirán por ejemplo: «Yo creo que la historia se va a tratar de... porque mi oración dice...» Finalmente, y en forma colaborativa, los cuatro alumnos revisarán sus hipótesis iniciales para incluir el texto y las predicciones de sus compañeros.

Recuerde que en esta actividad no hay respuesta correcta o errónea. Cualquier predicción es válida siempre y cuando se relacione lógicamente con las oraciones. Para concluir la actividad, puede preguntar a los grupos cuáles fueron sus predicciones y anotarlas en un cartelón o en una transparencia. Después de la lectura, los estudiantes podrán comparar sus predicciones con lo que realmente sucede en el cuento.

Oraciones para el rompecabeza de predicción:

Yo estaba en cuarto grado. Fue el primero que hice completo en una misma escuela...

Los colegios privados hacían un despliegue de lujo con uniformes de gala y bandas de música...

Cuando me nombraron para llevar el estandarte, lo que era un gran honor, me advirtieron que era necesario ir uniformada y llevar zapatos de piel o charol negro.

Al presentarme, en medio de la confusión de la organización de la parada, no notaron nada...

✜— Anticipación en base al título

Pida a los alumnos que lean el título de la selección y que anoten en sus cuadernos dos o tres ideas que les sugiere acerca de la temática del cuento.

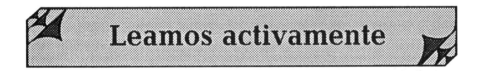

Leamos activamente

✜— Escucha y dibuja

Los primeros tres párrafos del cuento de Silvia Rivera-Valdés son muy descriptivos. En ellos la autora nos pinta con lujo de detalles el paisaje de la aldea a orillas del mar Caribe donde transcurren algunos años de su infancia. Con el fin de enfocar la atención de los estudiantes sobre el ambiente del cuento, pídales que, a medida que usted les vaya leyendo esos párrafos, vayan dibujando lo que se imaginan. Al terminar compartirán y compararán sus impresiones con un(a) compañero(a).

✜— Lectura y discusión

El resto del cuento será leído en voz alta. Recuerde que es importante hacer pausas para discutir, ampliar o aclarar conceptos.

Ampliemos nuestra comprensión

✂— Diagrama de Venn

Entregue a los alumnos una copia de un diagrama de Venn. Explíqueles que este diagrama se usa para comparar y contrastar conceptos, personajes, situaciones, etc. Los alumnos deben releer partes del cuento para comparar aspectos de las escuelas públicas y privadas que se presentan en este cuento. Puede usar la *Transparencia 8* al explicar la actividad.

✂— Grupo de discusión

El objetivo es que los estudiantes vayan más allá de la simple anécdota y puedan analizar y evaluar los acontecimientos de las obras literarias que leen, tanto desde su punto de vista personal como desde el punto de vista de las situaciones contextuales de la obra. Por eso es importante que los alumnos discutan en grupos pequeños los temas que sugerimos en el manual. Indíqueles que deben buscar datos concretos en el cuento para apoyar sus conclusiones.

La botella de chicha

6

Alistémonos para leer

✎ Piensa, anota y comparte

Déles unos cinco minutos para anotar sus respuestas a la pregunta planteada en el texto del estudiante. Luego pídales que compartan sus respuestas con un(a) compañero(a).

Leamos activamente

✎ Enseñanza recíproca

La enseñanza recíproca desarrolla la lectura interactiva y crítica de un texto. Esta estrategia toma cierto tiempo para establecerse.

Procedimiento

Dos alumnos trabajan colaborativamente con un solo texto.

1. El (La) estudiante **a** lee el primer párrafo, se detiene y le hace una o dos «buenas» preguntas a **b**.

2. **B** responde o explica por qué no puede responder. En este caso **a** y **b** discuten las posibles respuestas.

3. El texto cambia de manos. **B** lee en voz alta el segundo párrafo, se detiene y hace una o dos «buenas» preguntas a **a**.

4. **A** responde o explica por qué no puede responder...

La primera vez que se usa la estrategia, el (la) maestro(a) desempeñará el papel de alumno(a) **a** mientras que toda la clase será **b**. Lo que llevará más tiempo será la exploración de «buenas» preguntas. Aquí se debe detener e invitar a los alumnos a que formulen el número mayor posible de preguntas. Puede usar las *Transparencias 3 y 4* al explicar la actividad.

Tipos de preguntas:

1. **De respuesta explícita.** Estas son preguntas cuya respuesta es obvia. Ej.: ¿Qué necesitó el narrador en una ocasión?

2. **De respuesta implícita.** Para poder responder estas preguntas el (la) alumno(a) debe inferir, sacar conclusiones, hace suposiciones lógicas, etc. Ej.: ¿Por qué asumen los padres y sus invitados que la chicha que trae el protagonista no es la buena?

3. **Preguntas personales.** Son preguntas relacionadas con la historia, pero que no son contestadas en el texto. Ej: ¿Por qué no se dan cuenta que están tomando vinagre?

4. **Preguntas al autor.** Éstas son las preguntas que los lectores le harían al escritor acerca de temas relacionados con la obra o temas más generales. Señor Ribeyro: ¿No cree que debería haber terminado el cuento con una moraleja?

Explique a los alumnos que en la literatura el primer tipo de preguntas no constituyen buenas preguntas, ya que meramente repiten lo que dice el texto. Cualquiera de los otros tres tipos, aunque no produzcan respuestas concretas e incluso si generan más interrogantes, son recomendables.

Lectura silenciosa

Pida a los alumnos que terminen de leer el cuento silenciosamente.

Ampliemos nuestra comprensión

Diálogos colaborativos

Para esta actividad se dividirá la clase en ocho grupos. A cada uno de ellos asígnele una letra de **a** a **d**, de manera tal, que haya dos grupos que representen cada escena. Trabajando colaborativamente los alumnos crearán guiones. Es muy importante enfatizar que, aunque la creación es colectiva, cada estudiante tiene la responsabilidad de escribir su propia copia del mismo guión. Para garantizar que todo marche como es debido, usted debe pasearse por la clase observando el trabajo de cada equipo, estimulando a los alumnos y, de vez en cuando, ayudando a solucionar cualquier problema que surja.

Esta actividad permite que los alumnos extiendan su entendimiento de la problemática presentada en el cuento al recrear e inventar en base a situaciones conocidas. Igualmente se hace un enfoque en los aspectos mecánicos de la utilización del lenguaje al enfocar la puntuación de los diálogos en español.

Para realizar esta actividad los alumnos tomarán aproximadamente todo un período de clase. Al día siguiente se les darán diez minutos para que practiquen su representación. Usted podrá circular alrededor de los siguientes grupos sugiriéndoles diversas alternativas para su actuación. Por ejemplo, en casos en que haya menos personajes que alumnos, usted podrá sugerir que:

1. dos alumnos lean un personaje en coro

2. dos alumnos representen un personaje: uno(a) lee y el (la) otro(a) dramatiza

3. dos alumnos compartan el parlamento de un mismo personaje. Se paran espalda con espalda. El que está frente al público lee una oración, ambos giran de modo que el segundo estudiante quede frente a la clase y éste lee la siguiente oración. Así continúan rotando durante los renglones correspondientes a ese personaje.

Cuatro equipos harán sus representaciones de manera secuencial frente a sus compañeros. Al terminar se les aplaudirá y los siguientes cuatro equipos pasarán a hacer su representación del cuento.

7

Confieso que he vivido

El libro *Confieso que he vivido* es un libro de las memorias del poeta chileno Pablo Neruda. El fragmento que seleccionamos narra algunos recuerdos de su infancia.

Se reconoce a Neruda como un maestro en el manejo de la palabra. Su capacidad para crear al momento bellos poemas es legendaria.

La lectura del pasaje sirve de pie para invitar a los alumnos a que recuerden su pasado.

Alistémonos para leer

✂ Cuadro para tomar notas

Este cuadro ayudará a los alumnos a relacionar sus experiencias personales con las del poeta.

Ampliemos nuestra comprensión

✂ Tarjeta de memorias

La elaboración de la tarjeta de memorias es una actividad que combina diversas destrezas, tales como el manejo apropiado de la lengua, la habilidad de diseño artístico y la evaluación de experiencias previas. Una vez culminada la tarjeta, usted puede animar a sus alumnos para que la envíen a la persona involucrada en el recuerdo.

Conclusión de la unidad

✈ Síntesis y conexión de conceptos

Las tres actividades de la síntesis servirán para repasar conceptos estudiados en la unidad y relacionar las lecturas. Éstas son sólo algunas sugerencias. Usted puede hacer otras actividades y proyectos para concluir la unidad. Ejemplos:

- comparar dos cuentos o poemas utilizando un diagrama de Venn

- escoger los tres poemas que más le gustaron, leérselos a las personas de su casa y anotar cuál poema le gustó más a cada uno. Al día siguiente reportará los resultados a la clase.

Puede usar la *Transparencia 2* al explicar la actividad **Cuadro de comparación y contraste.**

❧ Segunda unidad ❧

La justicia social

Las selecciones de esta unidad nos permiten explorar situaciones en las cuales prevalece la injusticia. Las condiciones infrahumanas de la vida cotidiana de muchos, el engaño y la expropiación de tierras, la discriminación y la represión son algunos de los temas presentados. Creemos que es importante que la juventud tome conciencia de las dificultades que enfrenta el ser humano en el mundo contemporáneo. Frente a esta situación la respuesta apropiada no es la negación de la realidad, o sino más bien el plantearse vías positivas de acción en base a un reconocimiento de ella. Como bien dice el filósofo italiano Antonio Gramsci: «Debemos tener pesimismo del intelecto, pero optimismo de la voluntad».

A través de esta unidad se desarrollan los siguientes objetivos:

1. refuerzo de la enseñanza de la lectura como proceso
2. ampliación de la enseñanza de la escritura como proceso:
   a. redacción de ensayos de aproximación a un problema
   b. redacción de cartas: de protesta y a amigos
   c. escritura de un monólogo interior
   d. escritura de una reseña crítica
3. manejo de ciertos elementos literarios:
   a. tema
   b. ambiente
   c. conflicto
   d. ironía
4. destrezas de estudio:
   a. enseñanza de vocabulario: definición de conceptos
   b. realización de un trabajo de investigación

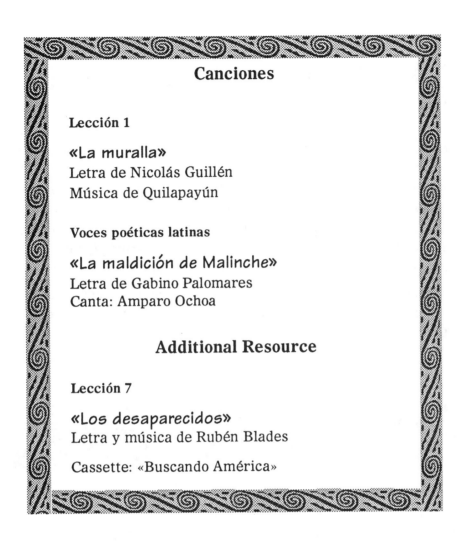

Canciones

Lección 1

«La muralla»
Letra de Nicolás Guillén
Música de Quilapayún

Voces poéticas latinas

«La maldición de Malinche»
Letra de Gabino Palomares
Canta: Amparo Ochoa

Additional Resource

Lección 7

«Los desaparecidos»
Letra y música de Rubén Blades

Cassette: «Buscando América»

Para introducir el tema de la unidad invite a los alumnos a que lean el poema de apertura. Pídales que discutan con un(a) compañero(a) las interrogantes que se plantean y que digan cuál creen ellos que debe ser la actitud que hay que asumir frente a las injusticias.

1

La muralla

Con este poema se introduce la lectura de poesía en coro. A través de esta estrategia el poema cobra fuerza y se facilita su comprensión a los lectores. Inicialmente usted marcará la voz y, de ser posible, acompañará los momentos de énfasis con palmadas para lograr la entonación y el ritmo necesarios. Sería conveniente que usted les explique a los alumnos que hay ciertos poemas que se prestan especialmente para la lectura coral.

Después de la lectura, usted puede tocar la grabación de la interpretación musical que hace Quilapayún de este poema de Nicolás Guillén.

Alistémonos para leer

 Piensa, anota y comparte

Puede usar la *Transparencia 1* al explicar la actividad.

Ampliemos nuestra comprensión

 La muralla del oprobio

Para esta actividad se necesitan tarjetas de 5 x 8. Cada estudiante recibirá una en la que deberá anotar un problema importante que aqueja a la sociedad contemporánea. El producto final es una muralla que se comenzará a construir en este momento y que se culminará al final de la unidad. Sugiera a los alumnos que escriban claro y con letras grandes con el fin de que sea fácil leer el mensaje de cada ladrillo desde cierta distancia.

Lugares apropiados para esta muralla pueden ser: una pared del salón, parte de la pizarra forrada en papel de color o el reverso de la puerta.

Mantenga las tarjetas disponibles para los alumnos e invítelos a que las usen para agregar a la muralla nuevos problemas a medida que vayan leyendo o que vayan sucediendo situaciones en la comunidad. Si tiene lápices de colores sería buena idea usarlos en la elaboración de los ladrillos, porque así la muralla será más vistosa.

2

Los gallinazos sin plumas

El cuento de Ribeyro es un relato de mucho impacto que plantea una situación endémica en Latinoamérica. Su lectura podría ser difícil, por lo tanto hemos incluido actividades al final de cada sección para facilitar su comprensión. Advierta a los alumnos que inicialmente puede ser un poco frustrante el encontrar vocabulario desconocido ya que Ribeyro utiliza «limeñismos» y «peruanismos». Pídales que toleren las ambigüedades y que se sientan satisfechos de lograr un sentimiento general del ambiente que presenta el cuento. Luego la anécdota los envolverá completamente.

Alistémonos para leer

Guía anticipatoria

El objetivo de esta guía es lograr que los alumnos enfoquen su atención en los temas que luego la lectura presentará. Pídales a los alumnos que copien en sus cuadernos la parte izquierda del cuadro.

Los alumnos deben leer en silencio las afirmaciones de la guía, indicando su acuerdo o desacuerdo con una X en el lugar correspondiente. Explíqueles que el objetivo de esta actividad es que expresen sus opiniones. No hay respuestas correctas o incorrectas.

Completado el cuadro, los alumnos comparten sus respuestas con un(a) compañero(a). Como ésta es una actividad muy rápida que tiene como objetivo dar voz a las ideas de cada estudiante, basta con indicarles que trabajen con la persona a su derecha, a su izquierda, adelante o atrás. Como regla general, sólo debemos preocuparnos por la composición de los equipos cuando el trabajo colaborativo va a tomar veinte minutos o más. La actividad será breve, como máximo cinco minutos en total.

Cuadro de anticipación y contraste

Este cuadro tiene un doble propósito. En primer lugar, que los alumnos enfoquen su atención en el tema de la lectura y, en segundo lugar, que establezcan una relación de comparación y contraste entre la realidad que ellos conocen y la presentada en el cuento. La primera parte del cuadro será completada antes de iniciarse la lectura, mientras que la segunda parte debe ser contestada a medida que se realiza la lectura. Una vez terminado el cuadro, las notas deben servir para que los alumnos elaboren presentaciones orales donde contrasten las dos realidades.

Leamos activamente

Lectura del (de la) maestro(a)

El primer fragmento del cuento describe con lujo de detalles el despertar de una gran ciudad. La intención es que los alumnos imaginen los diversos eventos comprometidos en este amanecer y por eso sugerimos que usted lea esta parte en voz alta. Si se siente cómodo con la recomendación, pídales a sus alumnos que escuchen y traten de imaginar la escena con los ojos cerrados. En todo caso, esto es sólo una sugerencia. Es posible que algunos alumnos la acepten y otros no, lo cual estará bien.

Al terminar la lectura tome unos minutos para conversar con los alumnos sobre los detalles que imaginaron. Utilice esta oportunidad para contestar preguntas acerca de términos que los estudiantes desconozcan. Igualmente los alumnos podrían iniciar una lista de variaciones léxicas dialectales en las cuales se comparen los peruanismos con regionalismos de otros países y con términos comunes. Algunos ejemplos son: pericote / ratoncito, canillita / vocero, chancho / cerdo / puerco, barriada / favela / villamiseria / callampa / tugurio.

✂ Trabajo en parejas

Explique a los alumnos que el título de una obra literaria muchas veces conlleva un significado diferente al de las palabras que lo componen. La expresión «gallinazos sin plumas» se utiliza en Latinoamérica para referirse a las personas que, al igual que los zopilotes, buscan alimento u otras cosas útiles entre los desperdicios.

Ampliemos nuestra comprensión

✂ Cuatro en turno *(Round robin)*

Los alumnos formarán grupos de cuatro. En orden, cada estudiante toma la palabra y comparte su monólogo con el grupo. Los demás estudiantes deben escuchar sin interrumpir. Usted puede marcar el tiempo (uno o dos minutos para cada estudiante) con el fin de que todos tengan la misma oportunidad de hablar.

✂ Retablo

Para esta actividad necesita entregar a los alumnos una hoja de papel de 11" x 7". Si no cuenta con hojas de este tamaño, use papel tamaño legal. Explique a los alumnos cómo deben doblarla para hacer el retablo. En el texto del alumno se dan las explicaciones. Esta actividad apareció en la primera lección de la primera unidad con diagrama.

Taller de composición

✂ Ensayo de aproximación a un problema

Una forma de enseñar la estructura de un ensayo es a través de un modelo. Déles un ensayo modelo y pídales que, trabajando en parejas, lo lean y luego, párrafo por párrafo, formulen las preguntas que se responden en cada uno de ellos.

Para escribir sus ensayos los alumnos van a contestar las siguientes preguntas. Dígales que la respuesta a cada pregunta constituirá un párrafo de su composición.

1. ¿Cuál es un problema social que te inquieta?
2. ¿Cómo y dónde se manifiesta?
3. ¿Cuáles son las causas que lo originan?
4. ¿Cuáles crees que son algunas soluciones posibles?

3

Se arremangó las mangas

Alistémonos para leer

✦ Cuadro anticipatorio

Pida a los alumnos que llenen la primera parte del cuadro antes de iniciar la lectura. Deles aproximadamente tres minutos para que los alumnos anoten sus ideas y luego pídales que abran sus libros en la página 100. Después de observar el cuadro, que discutan cuál podrá ser el estado de ánimo del personaje representado.

Leamos activamente

✦ Diagrama «mente abierta»

Entregue a los alumnos un diagrama «mente abierta» y explíqueles cómo deben llenarlo. Ésta es una excelente actividad para que los estudiantes analicen a los personajes de las obras que leen. Los alumnos deben de presentar el enfoque personal que tienen de un personaje determinado. Este enfoque incluirá pensamientos, deseos, sentimientos etc. Para poder ilustrar este complejo anímico los alumnos deberán utilizar citas (que se escribirán apropiadamente entre comillas), palabras o frases que sinteticen ideas relevantes, símbolos, dibujos etc. Igualmente usted podrá animar a sus alumnos para que utilicen frases o palabras como trazos que marquen la cabellera, las cejas, los labios o cualquier otro elemento del diagrama. (Vea la muestra en el libro del estudiante.) También lo puede usar como una actividad de preparación para la escritura de los monólogos en la sección *Apuntes literarios.* Use la *Transparencia 6* al explicar la actividad.

Apuntes literarios

Este cuento sirve como vehículo para estudiar algunos elementos literarios: la ironía, el monólogo interior y el conflicto en una narración. Estos conceptos aparecen bajo el título de *Apuntes literarios*. Repáselos con los alumnos antes de pedirles que hagan la correspondiente actividad.

Ampliemos nuestra comprensión

✂ Cuadro de comparación y contraste

Con esta actividad los alumnos pueden entrelazar la temática y los personajes de cuentos que de otra manera podrían permanecer aislados en su entendimiento. Puede usar la *Transparencia 2* al explicar la actividad. Explíqueles a los alumnos que a pesar de la tremenda diferencia entre las situaciones específicas que presenta cada cuento, hay temáticas humanas comunes que los unen.

4

Cuando era puertorriqueña

Alistémonos para leer

Cuando era puertorriqueña es un ejemplo de la nueva literatura norteamericana escrita en español. Recuérdeles a sus alumnos que la literatura en español puede ser clasificada, según su proceden-cia, en dos grupos: literatura peninsular y literatura latino-americana. La primera comprende las obras escritas por autores nacidos en España, y la segunda, incluye las obras procedentes de los países de América Latina y de autores de habla hispana residentes en los Estados Unidos. Esta última representa una pujante fuerza en el panorama literario estadounidense como lo atestigua la presencia en este libro de obras de los siguientes autores: Sabine Ulibarrí, Bárbara Mujica, Antonia Darder, Rosaura Sánchez, etc.

"Cuando era puertorriqueña" recoge las memorias de Esmeralda Santiago, cuya niñez transcurre humildemente en un área rural de Puerto Rico. A los trece años su madre se traslada a los Estados Unidos donde gracias a su espíritu indoblegable y a circunstancias fortuitas, logra el éxito.

✂ Cuadro de un incidente autobiográfico

Esta actividad ayudará a los estudiantes a recordar memorias que podrán luego relacionar con los incidentes de la lectura. En ella se combina el listado de ideas con la expresión artística.

En el espacio superior de la mano derecha, el (la) alumno(a) debe sintetizar el acontecimiento que recuerda de sus primeros días en este país. Como probablemente muchos alumnos no son inmigrantes, trate de enfocar sus recuerdos acerca de sus primeros días en la escuela. Ésta es una actividad más difícil de lo que parece, ya que los estudiantes tienden a contar el evento, pero se les dificulta el sintetizarlos en una frase o en una oración.

✂— Anticipación en base al título

Si bien esta actividad no aparece en el texto de los alumnos, le sugerimos que la haga, ya que resulta especialmente apropiada para esta selección. Ud. puede sugerirles a los alumnos que hagan un ramillete de ideas en parejas o en grupos de cuatro. Luego pídales a los grupos que comuniquen sus ideas a la clase, cuidándose de no repetir las ideas ya cubiertas por otros grupos.

 Leamos activamente

✂— Enseñanza recíproca

La primera parte de la lectura se hará siguiendo la técnica de la enseñanza recíproca. La enseñanza recíproca desarrolla la lectura interactiva y crítica de un texto. Esta estrategia toma cierto tiempo para establecerse. La primera vez que se usa la estrategia, el (la) maestro(a) hará el papel de alumno **a** mientras que toda la clase será alumno **b**. Lo que llevará más tiempo será la exploración de «buenas» preguntas. Aquí el (la) maestro(a) deberá detenerse e invitar a los alumnos a que formulen el número máximo de posibles preguntas. Se puede usar la *Transparencia 4* al explicar la actividad.

Procedimiento:

Dos alumnos trabajan colaborativamente con un solo texto.

1. El (La) estudiante **a** lee el primer párrafo, se detiene y le hace una o dos «buenas» preguntas a **b**.

2. **B** responde o explica por qué no puede responder. En este caso **a** y **b** discuten las posibles respuestas.

3. El texto cambia de manos. **B** lee en voz alta el segundo párrafo, se detiene y hace una o dos «buenas» preguntas a **a**.

4. **A** responde o explica por qué no puede responder.

Tipos de preguntas:

1. **De respuesta explícita.** Éstas son preguntas cuya respuesta es obvia.

2. **De respuesta implícita.** Para poder responder a estas preguntas el (la) alumno(a) debe inferir, sacar conclusiones, hacer suposiciones lógicas, etc.

3. **Preguntas personales.** Son preguntas relacionadas con la historia, pero que no son contestadas en el texto.

4. **Preguntas al autor.** Estas son las preguntas que el lector le haría al escritor acerca de temas relacionados con la obra o temas más generales.

El (La) maestro(a) debe explicar al (a la) alumno(a) que en literatura el primer tipo de preguntas no constituyen buenas preguntas, ya que meramente repiten lo que dice el texto. Cualquiera de los otros tres tipos, aunque no produzcan respuestas concretas e incluso si generan más interrogantes, son recomendables o «buenas» preguntas. Se puede usar la *Transparencia 5* al explicar las «buenas» preguntas.

Ampliemos nuestra comprensión

✃ Diagrama de causa y efecto

Otra sugerencia no incluida en el libro del alumno consiste en pedirles a los estudiantes que dibujen un diagrama de causa y efecto. (Adapte la *Transparencia 13* "Problema/Solución a Causa/Efecto"). En el lado izquierdo del círculo se anotarán las razones por las cuales se crean divisiones entre los alumnos de una escuela. En la parte de la derecha, escribirán algunos de los resultados que ocasionan esas divisiones. Por ejemplo: tensiones, malentendidos, riñas etc.

✃ Cuadro de comparación y contraste

La conformación de grupos en las escuelas es un fenómeno muy común. Este cuadro les permitirá a los alumnos comparar la situación en sus escuelas con la presentada en el texto. Una sugerencia para trabajar este cuadro es que los estudiantes, en grupos de cuatro, llenen primero las secciones de la derecha que le preguntan acerca de su propia realidad. Luego, una vez concluida la lectura del pasaje, nuevamente de manera colaborativa, llenarán el resto del cuadro.

✧ Taller de composición

Utilizando las anotaciones del cuadro anterior, los estudiantes escribirán su ensayo.

✧ Un paso hacia la integración

Partiendo del análisis de la situación propia y de la presentada en el texto, los alumnos podrán iniciar un diálogo y empezar a encontrar soluciones a un problema latente en las escuelas.

✧ Alumnos como etnógrafos de su propia realidad

Un proyecto muy apropiado para este tema es lograr que los alumnos estudien su propia realidad escolar, desarrollando ellos mismos los instrumentos que le ayudarán a realizar su trabajo.

El procedimiento que sugerimos es el siguiente:

1. Los alumnos se dividen en equipos de cuatro. Cada equipo se encargará de estudiar un grupo determinado en la escuela. Obviamente será necesario que varios equipos estudien al mismo grupo. ¿Cómo se visten? ¿Dónde se reunen? ¿Tienen algunas características particulares? ¿Cómo hablan?, etc. Esta información es anotada por cada alumno(a) en su cuaderno.

2. Elaboración de entrevistas semi-estructuradas. Refiérase a las páginas 178 y 179 del libro. La clase llegará a un listado de temas que deberán ser explorados cuando cada alumno(a) entreviste a una o un estudiante perteneciente al grupo que está estudiando. Estas preguntas deberán estar relacionadas a cómo percibe dicho(a) estudiante su afiliación y la expresión de su identidad.

3. Comunicación y organización de información. Nuevamente en el equipo de cuatro, los alumnos comunican la información que han adquirido y la integran para presentar un informe oral o escrito.

4. Publicación. En unos cartelones grandes se reúnen las descripciones de los diversos grupos de la escuela, a las cuales se les pueden agregar comentarios editoriales emanados de la actividad "Un paso hacia la integración".

5 | Nos han dado la tierra

Como preparación para esta lección, entregue a cada grupo fotocopias de una de las fotos sobre la revolución mexicana que aparecen a continuación. Pídales que las observen y comenten las ideas que les sugieren.

Doña Ramona Flores, revolucionaria

Arriba: Pancho Villa y sus tropas; **Derecha:** Pancho Villa y Emiliano Zapata, 1915

[La canción «Carabina 30–30» no está incluida en la cinta porque al último momento había problemas de permiso.]

Este cuento se presta para el estudio de otro concepto literario: el ambiente. Es importante recordar que si bien estos conceptos se introducen formalmente en momentos específicos de lecciones, el (la) profesor(a) deberá repasarlos con otras obras literarias cada vez que se le presente la ocasión.

Leamos activamente

✂— Lectura dramatizada en grupos

Una vez que los alumnos hayan concluido la lectura dramatizada en sus grupos, llame a uno o dos grupos para que presenten su lectura frente a la clase.

Ampliemos nuestra comprensión

✂— Redacción de una carta protesta

Explique a sus alumnos que esta carta podrá ser dirigida al Ministro de Agricultura de un país cualquiera. Aproveche esta oportunidad para enseñarles a sus alumnos las convenciones de una carta formal.

Espuma y nada más

Alistémonos para leer

⚓ Entrevista en tres etapas

El objetivo de esta actividad es maximizar las oportunidades de participación oral para todos los alumnos en la clase. Sin estar conscientes de ello, los alumnos exploran repetidamente el mismo tema. La primera vez que se presenta esta actividad debe ser modelada cuidadosamente pidiendo a cuatro alumnos que se sienten frente a frente delante de la clase. Es esencial que usted dirija cada etapa indicando la transición de una a otra. Tiempo sugerido: dos minutos para la primera y segunda etapas, cuatro para la tercera. Se puede usar la *Transparencia 3* al explicar la actividad.

Procedimiento:	a b
	c d
Primera etapa:	a entrevista a b
	c entrevista a d
Segunda etapa:	b entrevista a a
	d entrevista a c
Tercera etapa:	a informa a c y d acerca de b
	b informa a c y d acerca de a
	c informa a a y b acerca de d
	d informa a a y b acerca de c

Leamos activamente

☞ Cuadro de dos columnas

De acuerdo con las circunstancias y el estado de ánimo de la clase, decida Ud. si el cuadro se llevará individualmente, en parejas o en grupos de cuatro.

Puede usar la *Transparencia 11* al explicar la actividad.

☞ Lectura y mímica

Esta técnica ayuda a los estudiantes a visualizar las acciones que describe un texto. Uno(a) de los estudiantes hará la lectura en voz alta, otro(a) desempeñará el papel del barbero y el tercero representará al capitán. Estos dos últimos estudiantes harán la mímica de las acciones de su personaje, sin pronunciar palabra, pero podrán mover los labios sincronizadamente con el (la) lector(a) cuando su personaje diga algo.

Ampliemos nuestra comprensión

☞ Análisis del ambiente y del conflicto

A través de este cuento se van a reforzar los conceptos de ambiente y conflicto. Pida a los alumnos que relean las explicaciones de los *Apuntes literarios* en la lección 1 de la primera unidad y la lección 3 de esta unidad. Luego explique a los alumnos que deben repasar el texto para realizar las actividades.

☞ Taller de composición

Lea con los alumnos las instrucciones en el texto para la redacción de la carta a un(a) amigo(a). Explíqueles que deben adoptar un punto de vista y ser consecuentes con él.

7

Un día de estos

Gabriel García Márquez es un escritor colombiano de fama internacional quien recibió el premio Nobel de literatura en 1982. «Un día de estos» es uno de sus cuentos más conocidos.

Alistémonos para leer

 Diagrama «mente abierta»

Entregue a los alumnos una copia del diagrama mente abierta y repase con ellos el proceso.

Ampliemos nuestra comprensión

✂ **Diagrama de Venn**

Si hay limitaciones de fotocopias en su escuela, sería una buena idea duplicar el diagrama de Venn para cada estudiante, y pedirle que no lo utilice para tomar notas, sino que lo guarde como modelo para calcarlo cada vez que lo necesite.

En la primera unidad utilizaron ya este diagrama. Repase con los alumnos el proceso y comiencen las primeras anotaciones en el diagrama. Puede usar la *Transparencia 8* al explicar la actividad.

✦ Afiche colaborativo

Para esta actividad se necesita papel blanco y lápices de colores o plumones, por lo menos cuatro colores diferentes por equipo. Una vez que los alumnos han logrado un consenso acerca del lema y del diseño, cada uno(a) escogerá los colores que deberá utilizar a través de toda la actividad. Asegúrese de que los jóvenes no intercambien colores. Incluso el lema debe ser escrito con los colores de los cuatro participantes.

La finalidad de esta actividad es que los alumnos ganen profundidad de entendimiento y capacidad de síntesis al mismo tiempo que trabajan colaborativamente. El uso de los colores de cada estudiante garantiza la participación de todos los miembros del grupo. Toda la actividad tomará aproximadamente un período de clase.

✦ Ensayo interpretativo

La finalidad de esta composición es que los estudiantes interpreten el cuento y hagan inferencias acerca de los gobiernos representados en los dos cuentos colombianos que acaban de leer. Como les explicamos en el texto, los alumnos pueden consultar con su maestro(a) de historia sobre situaciones similares en otros países.

8

Una palabra enorme

Alistémonos para leer

✂ Opiniones en rotación

Ésta es una actividad que no debe tomar más de cinco minutos en total. Entregue una tarjeta a cada grupo y explíqueles a los alumnos que deben escribir la pregunta en letra clara en una de las caras de la tarjeta. Luego comenzarán a circularla en silencio. Cada miembro del grupo contestará lo que para él o ella significa la libertad. Sería conveniente que usted les diera un par de ejemplos a sus alumnos. Por ejemplo: Libertad es poder elegir a los gobernantes; poder expresar sus ideas sin riesgo de castigo, etc.

Después de tres minutos indíqueles que deben dejar de escribir y que uno de los alumnos lea en voz alta la lista de ideas. Una manera de exhibir estas tarjetas es colgándolas a manera de un móvil.

Leamos activamente

✂ Enseñanza recíproca

La enseñanza recíproca desarrolla la lectura interactiva y crítica de un texto. Esta estrategia toma cierto tiempo para establecerse. Incluimos esta actividad por primera vez en la lección 6 de la primera unidad. Repetimos el procedimiento aquí. La primera vez que se usa la estrategia, usted desempeña el papel de alumno(a) **a** mientras que toda la clase será **b**. Lo que llevará más tiempo será la exploración de «buenas» preguntas. Aquí se debe detener e invitar a los alumnos a que formulen el número máximo de posibles preguntas. Puede usar la *Transparencia 4* al explicar la actividad.

Procedimiento:

Dos alumnos trabajan colaborativamente con un solo texto.

1. El (La) estudiante **a** lee el primer párrafo, se detiene y le hace una o dos «buenas» preguntas a **b**.

2. **B** responde o explica por qué no puede responder. En este caso **a** y **b** discuten las posibles respuestas.

3. El texto cambia de manos. **B** lee en voz alta el segundo párrafo, se detiene y hace una o dos «buenas» preguntas a **a**.

4. **A** responde o explica por qué no puede responder.

Tipos de preguntas:

1. **De respuesta explícita.** Éstas son preguntas cuya respuesta es obvia.

2. **De respuesta implícita.** Para poder responder estas preguntas el (la) alumno(a) debe inferir, sacar conclusiones, hacer suposiciones lógicas, etc.

3. **Preguntas personales.** Son preguntas relacionadas con la historia, pero que no son contestadas en el texto.

4. **Preguntas al autor.** Éstas son las preguntas que los lectores le harían al escritor acerca de temas relacionados con la obra o temas más generales.

Explique a los alumnos que en la literatura el primer tipo de preguntas no constituyen buenas preguntas, ya que meramente repiten lo que dice el texto. Cualquiera de los otros tres tipos, aunque no produzcan respuestas concretas e incluso si generan más interrogantes, son recomendables o «buenas» preguntas. Puede usar la *Transparencia 5* al explicar las «buenas» preguntas.

Ampliemos nuestra comprensión

✂ Voces poéticas latinas: tres actitudes frente a la opresión

Esta sección incluye dos poemas: «¡Quién sabe!» y «Canto coral a Tupac Amaru», y una canción: «La maldición de Malinche». En caso de no contar con un toca-casette pueden utilizar la canción como poema.

Antes de escuchar «La maldición de Malinche» sería importante preparar a los alumnos explicándoles que la versión utiliza instrumentos prehispánicos, y que la cantante, Amparo Ochoa, es una artista mexicana de renombre internacional cuya voz puede sonarles extraña en un primer momento, pero que pronto apreciarán su expresividad. Insista en la necesidad de escuchar con respeto las manifestaciones culturales diferentes a las acostumbradas.

El objetivo de esta sección es que los alumnos comparen distintas actitudes frente a situaciones opresivas. El poema de José Santos Chocano presenta a un indígena pasivo, enigmático, casi indiferente ante su propio sufrimiento. El tono del poema es de sumisión. En «La maldición de Malinche» Gabino Palomares explica el origen del apoyo acrítico e incondicional de los latinos frente a lo extranjero, en detrimento de lo propio. Cuestiona el fenómeno e invita a la reflexión y al cambio. El tono de esta canción es de rechazo y desafío. En «Tupac Amaru» el poeta peruano Romualdo presenta la imagen rebelde del indígena que desafía a la muerte y cuyo espíritu vive a través del trabajo político de otros. El tono es de rebeldía y supervivencia.

Tercera unidad

Imaginación y fantasía

A través de esta unidad se desarrollan los siguientes objetivos:

1. La enseñanza de la lectura como proceso, haciendo hincapié en la etapa *Leamos activamente* durante la cual el (la) lector(a) construye sus significados. Con este objetivo se presentan las siguientes estrategias:

   a. El protocolo de lectura: actividad mediante la cual los alumnos, de manera individual, guían su entendimiento a través de pasos explícitos.

   b. Enseñanza recíproca (2a versión) en la cual se enfatizan las habilidades de resumen, aclaración de conceptos y predicción del contenido en base al contexto.

2. Enseñanza de la escritura como proceso. Las destrezas a desarrollarse giran en torno al género periodístico e incluyen:

   a. cartas al editor

   b. entrevistas estructuradas y semi-estructuradas

   c. titulares

   d. artículos de interés general

   e. síntesis evaluativa de obras literarias

   Además se practica la elaboración de folletos publicitarios.

3. Manejo de elementos literarios:

   a. relatos de ciencia ficción

   b. el realismo mágico

   c. análisis de personajes

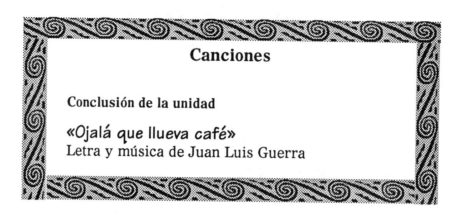

Canciones

Conclusión de la unidad

«Ojalá que llueva café»
Letra y música de Juan Luis Guerra

El ahogado más hermoso del mundo

 ## Alistémonos para leer

❧ Listado de ideas

Pida a los estudiantes que recuerden y den los nombres de algunos relatos o cuentos fantásticos que hayan escuchado en su niñez. Puede pedirles a algunos estudiantes que relaten en voz alta uno de esos cuentos. Luego pídales que con un(a) compañero(a) y elaboren una lista de elementos extraordinarios que aparecen en esos cuentos. Por ejemplo: gente que desaparece misteriosamente sin dejar rastro, personas que viajan a través del tiempo.

❧ Anticipación en base al título

Pida a los alumnos que lean el título de la selección y que anoten en sus cuadernos dos o tres ideas que les sugiere acerca de la temática del cuento.

 ## Leamos activamente

❧ Trabajo de equipo: Preguntas de enfoque

Esta actividad permite que se distribuya el enfoque que cada estudiante prestará al cuento. Al mismo tiempo se pide que el estudiante mantenga anotaciones relacionadas a su foco de interés, para así luego apoyar su contribución a la tarea de equipo.

✂ Lectura en voz alta

Inicie usted la lectura del cuento y continúe después llamando a algunos estudiantes para que sigan leyendo. Haga pausas para explorar temas, anticipar acontecimientos y hacer preguntas.

Ampliemos nuestra comprensión

✂ Trabajo de equipo

Al terminar la lectura pídales a los alumnos que se sienten nuevamente y formen sus grupos. Primero deben comparar anotaciones las parejas que escogieron las mismas preguntas de enfoque y luego, deben compartir con la otra pareja.

✂ Cuadro de dos columnas

Puede usar la *Transparencia 11* al explicar la actividad. Algunas ideas que los alumnos pueden anotar son:

Elementos reales	Elementos fantásticos
Aldea de pescadores	Tamaño descomunal del ahogado
Niños jugando en la playa	Belleza del ahogado

✂ Taller de composición: cartas al editor

En esta unidad usted pedirá a los alumnos que desarrollen progresivamente diversas secciones de un periódico. Con este objetivo reserve una parte de la cartelera o de una pared, y haga que sus alumnos, de común acuerdo, escojan un nombre para su periódico mural. Cada vez que terminen una de las actividades de escritura se colocarán los trabajos de los alumnos formando las distintas secciones.

El árbol de oro

 Alistémonos para leer

✂ **Cuadro de comparación y contraste**

Esta actividad permite que los alumnos recuerden una experiencia personal que va a ser relevante a la experiencia del protagonista del cuento. Los niños muchas veces inventan caracteres con quienes hablan, a quienes cuidan y protegen y quienes los acompañan en algunas de sus actividades. Los familiares tienden a tolerar y a apoyar estos seres imaginarios hasta que un día se olvidan de ellos. La importancia de esta actividad es que construye un puente de entendimiento que lleva a los estudiantes de lo conocido a lo novedoso. La primera mitad del cuadro será completada como una actividad de preparación y la segunda se completará como parte de la ampliación de la comprensión del los lectores. Puede usar la *Transparencia 2* al explicar la actividad.

 Leamos activamente

✂ **Enseñanza recíproca (2a versión)**

Esta es una variación de la enseñanza recíproca original. La actividad está diseñada para lograr que los lectores incorporen activamente en su lectura los mecanismos utilizados automáticamente por el buen lector. El razonamiento es que, si los alumnos regulan su comportamiento de manera consciente durante la lectura, luego de repetidos usos, la estrategia se hace automática. Esta estrategia incorpora un elemento metacognoscitivo, ya que permite que los alumnos conscientemente planifiquen y ejerzan las destrezas del buen lector: sintetizar, hacer conexiones, inferir, predecir y cuestionarse.

El procedimiento es el siguiente: Cada estudiante lee media página en voz alta, la sintetiza, aclara ideas, anticipa eventos y formula preguntas.

Ampliemos nuestra comprensión

✄ Secuencia de acciones

Esta actividad permite que los alumnos relean el texto concentrando su atención en seis eventos claves de la historia. Hay que explicarles a los alumnos que lo que se pide no es una copia textual de un fragmento del texto, sino una explicación sintetizada, escrita en sus propias palabras. No existen respuestas correctas o incorrectas en esta actividad, pero la secuencia seleccionada debe tener lógica y coherencia.

La suerte

Apuntes literarios

✂ Entrevista estructurada

Una entrevista estructurada consiste en una serie de preguntas cuidadosamente preparadas. Este tipo de entrevista no puede ser alterada, es decir, el (la) entrevistador(a) debe formular sus preguntas en el mismo orden en que éstas aparecen. Si, durante la conversación, el (la) entrevistado(a) toca otros puntos novedosos que podrían ser de interés, estos temas no pueden ser explorados, ya que no fueron anticipados en las preguntas. Por lo general, se utilizan entrevistas estructuradas cuando se trata de obtener el mismo tipo de información de diversas fuentes. Las respuestas podrán variar en términos de extensión, riqueza y carácter, pero las preguntas y el orden permanecerán siempre inalterados.

✂ Entrevista semi-estructurada

Estas entrevistas parten también de un listado de preguntas, pero en este caso el (la) entrevistador(a) tiene completa libertad para reajustar el orden de sus preguntas según se desenvuelva la entrevista. Igualmente tiene flexibilidad para explorar temas de interés que surjan inesperadamente durante la conversación. Este tipo de entrevista es mucho más apropiada cuando uno quiere retratar a un personaje de manera integral capturando su individualidad y carácter.

Alistémonos para leer

 Tres en turno *(Round robin)*

Los alumnos formarán grupos de tres. En orden, cada estudiante
toma la palabra para compartir los resultados de su entrevista con
el grupo. Los demás estudiantes deben escuchar sin interrumpir.
Usted puede marcar el tiempo (uno o dos minutos por estudiante)
con el fin de que todos tengan la misma oportunidad de hablar.

Leamos activamente

 Lectura en grupo

Divida la clase en grupos de cuatro. Pídales que lean la primera
parte del cuento alternándose los distintos personajes y el
narrador.

 Hacer predicciones

En forma individual cada estudiante deberá escribir un final al
cuento. Es importante aclararles que deben continuar la historia
como si fueran el autor. Es decir, deben continuar usando el mismo
punto de vista y el mismo estilo de Rudolfo Anaya. Recomiéndeles
que usen diálogos.

 Cuatro en turno

Nuevamente organice a los alumnos en grupos de cuatro y pídales
que compartan sus historias, siguiendo el procedimiento explicado
arriba bajo **Tres en turno**. Al terminar deberán seleccionar una de
las versiones del grupo para leer a toda la clase.

Ampliemos nuestra comprensión

✂ Discusión de grupo

Esta actividad tiene como objetivo lograr que los estudiantes evalúen la historia desde su punto de vista personal. Con el fin de que no se distraigan, puede pedirles que resuman las ideas del grupo en algún tipo de organizador que usted recogerá y calificará.

✂ Lema ilustrado

Esta actividad permite que los estudiantes re-visiten el texto y profundicen su entendimiento, al tiempo que desarrollan su capacidad de síntesis. El manual del estudiante trae un ejemplo de un lema sacado del cuento. Discútalo con los estudiantes.

4

El ruido de un trueno

El cuento de Ray Bradbury es un cuento de ciencia ficción. Este tipo de literatura refleja exploraciones de relaciones humanas en el futuro utilizando el conocimiento científico actual. Bradbury es un conocido autor estadounidense que denuncia en sus obras los peligros a los que puede llevarnos una civilización mecánica que destruiría la vida del espíritu.

Alistémonos para leer

✦ Piensa, anota y comparte

Esta actividad tiene por fin hacer que los estudiantes imaginen una situación que va a ser relevante a las situaciones presentadas en el cuento. Lea la pregunta con ellos y déles unos cinco minutos para escribir. Luego pídales que compartan sus respuestas con un(a) compañero(a). Puede usar la *Transparencia 1* al explicar la actividad.

Leamos activamente

✦ Lectura en voz alta

Dirija la lectura de la primera parte del cuento llamando a distintos alumnos para que lean en voz alta.

✦ Discusión de grupo

Una vez terminada la lectura del pasaje, déles a los alumnos unos diez minutos para discutir las preguntas que aparecen en el manual. Anímelos a usar algún tipo de diagrama u organizador para tomar notas de las ideas generadas por el grupo.

✂ Lectura

Lea usted la segunda parte del cuento. Haga pausas para comentar con los alumnos las posibles relaciones de causa y efecto que se presentan en este pasaje.

✂ Hacer predicciones

Es muy importante que los estudiantes hagan predicciones del contenido en base al contexto. Ayúdelos a encontrar pistas o claves que les sirvan para anticipar lo que va a pasar.

✂ Lectura silenciosa

En este punto de la historia los estudiantes estarán suficientemente interesados para continuar la lectura del cuento silenciosamente.

Ampliemos nuestra comprensión

✂ Diagrama de causa y efecto

Ray Bradbury especula en este cuento acerca de las múltiples consecuencias que puede tener cualquier cambio en las condiciones físicas del planeta. El diagrama de causa y efecto ayudará a los estudiantes a entender la interrelación que existe en el universo.

✂ Folleto publicitario

Pida a los estudiantes que visiten una agencia de viajes y soliciten folletos publicitarios de distintas excursiones para que los usen como modelo. Esta actividad es muy importante porque combina el desarrollo de la expresión artística con la habilidad de síntesis y de la persuasión.

En la actualidad vivimos rodeados de avisos publicitarios: en la radio, la televisión, el cine, etc. Como resultado, a veces, terminamos comprando cosas que realmente no necesitamos. Puede usar esta actividad para hablar con los alumnos sobre el tema de la publicidad y cómo debemos actuar frente a ella.

✂ Servicio a la comunidad

Es importante que los estudiantes no sólo reflexionen y piensen críticamente acerca de los problemas que existen en el mundo hoy día, sino que también se muevan a la acción; que cobren conciencia de su responsabilidad ante ellos y ante las generaciones futuras. Un problema muy serio al que nos enfrentamos hoy día es la destrucción del medio ambiente. Los estudiantes pueden, por ejemplo, empezar campañas de reciclaje en su escuela, en el hogar o en la comunidad. Pueden hacer anuncios en cartelones o por el sistema de interconexión auditivo de la escuela. Pueden colocar cajas o recipientes en los salones de clase y animar a sus compañeros a depositar allí los papeles que botan. Seguramente que ellos mismos pensarán en otras formas de ayudar al mejoramiento de nuestro medio ambiente.

El guardagujas

Alistémonos para leer

✦ Escritura rápida

Todos nos hemos visto envueltos en situaciones absurdas en que los trámites burocráticos se prolongan injustificadamente. Por ejemplo, matricularnos en una universidad, sacar un permiso de construcción para añadir un simple tejado a nuestra casa, pagar una multa, etc. Comparta con los estudiantes alguna experiencia parecida que usted haya tenido. Luego déles cinco minutos para escribir una experiencia similar.

Leamos activamente

✦ Lectura silenciosa

Pídales que lean la primera parte del cuento en silencio.

✦ Cuadro de dos columnas

En parejas, y basándose en lo que han leído, pida a los estudiantes que anoten dos o tres ideas sobre lo que creen que va a pasar a continuación en la historia. Al terminar la lectura completarán la segunda parte del cuadro. Esto les permite comparar sus predicciones con lo que realmente sucede. Puede usar la *Transparencia 11* al explicar la actividad.

Ampliemos nuestra comprensión

✄ Síntesis: Titulares periodísticos

Si tiene facilidad de conseguir periódicos en español, comparta con ellos algunos titulares particularmente sensacionalistas. Si no, comente los ejemplos que aparecen en el manual del estudiante. La importancia de esta actividad es que, en el primer paso, hace que los estudiantes **analicen** los eventos del cuento en sus grupos y que luego **sinteticen** y traten de captar el interés de los lectores con una frase que llame la atención.

✄ Comentario personal

Como tarea pídales a los estudiantes que escriban un comentario personal sobre el cuento de J. J. Arreola. Esta actividad puede ampliarla pidiéndoles a los estudiantes que comparen la situación presentada en el cuento con una situación real que ellos conozcan, por ejemplo, fallas en los sistemas públicos de salud, de educación, etc.

El sendero interior

Alistémonos para leer

✄ Trabajo de equipo: Ideas novedosas solamente

Explíqueles a los alumnos el procedimiento en dos momentos: presente los pasos uno, dos y tres antes de iniciar la actividad. Al terminar el tercer paso, suspenda la actividad y explique el resto del proceso.

Procedimiento:

1. Escriba lo siguiente en el pizarrón o en una transparencia :

El sendero interior

Este cuento podría tratarse de:

a.

b.

c.

_____

Tres nuevas ideas son:

a.

b.

c.

_____

2. Explique a la clase que van a trabajar en equipos de cuatro.

3. Los grupos elaboran sus listas. (dos minutos)

4. Los equipos se ponen de pie claramente separados.

5. Seleccione al azar a un(a) alumno(a) de un equipo, para que lea las respuestas del grupo. Los otros grupos deberán prestar atención, porque una vez que una idea ha sido expresada por un equipo, no podrá ser repetida por otro.

6. Acabado el primer listado, pida que el equipo tome asiento. La regla es que los equipos que se sientan deben agregar a su lista tres ideas novedosas que escuchen de sus compañeros.

7. Un(a) nuevo(a) representante será llamado para que agregue las ideas novedosas que su equipo generó. Este equipo toma asiento.

8. Pida que cualquier otro equipo que ya no tiene ideas novedosas que agregar tome asiento.

9. Siguiendo el mismo procedimiento se cubrirán las ideas novedosas que queden.

Aparentemente ésta es una actividad muy compleja, pero, una vez dominado el procedimiento, resulta bastante clara y efectiva. A los alumnos les encanta y sirve para crear interés y utilizar energía que, de otra manera, podría ser negativa. Su éxito depende de una ejecución clara y ordenada. Es posible que al comienzo la actividad no funcione a la perfección, pero si usted persevera, seguramente que le dará resultado y pasará a formar parte de su repertorio.

 Entrevista en tres etapas

Esta estrategia ha sido usada en las dos primeras unidades de este texto. Utilice la *Transparencia 3* para repasar el procedimiento con los estudiantes si lo cree necesario.

Leamos activamente

 Lectura en grupos

Divida a los alumnos en grupos de tres y dígales que lean el cuento tomando turnos para que todos tengan oportunidad de leer.

Ampliemos nuestra comprensión

✂ Diagrama «mente abierta»

Entregue a los alumnos un diagrama mente abierta y pídales que lo dividan en dos mitades con una línea vertical. La única diferencia con los diagramas mente abierta que han hecho anteriormente es que, en este caso, se van a enfocar en dos momentos diferentes de la vida del protagonista. Esta actividad servirá como preparación para la redacción del ensayo de interpretación y evaluación. Puede usar la *Transparencia 6* al explicar la actividad.

✂ Composición: Ensayo de interpretación y evaluación

Antes de empezar a escribir el ensayo, los estudiantes deben sentarse en grupos para compartir sus diagramas «mente abierta». Guíelos en el proceso de la escritura (use la *Transparencia 10*). Antes de escribir su copia final, es importante que los alumnos lean sus composiciones a un(a) compañero(a) o a un grupo de respuesta para que se ayuden mutuamente. En este último caso, cada alumno(a), turnándose leerá su composición. Los compañeros harán comentarios para ayudarlo a revisar la composición.

Tres poemas

Dos de los poemas de esta lección pertenecen a la poesía negra antillana. Esta poesía se diferencia de la poesía negra tradicional del sur de los Estados Unidos. Ésta tiene un tono de queja, pero es una *queja-resignación* en que el elemento protesta no alcanza a vislumbrarse abiertamente. A partir de Langston Hughes la poesía negra norteamericana manifiesta un sentimiento de rebeldía. En cambio, en la poesía antillana el dolor se viste de alegría. El problema social y económico se halla velado y se presenta en un ambiente de fiesta que impresiona los sentidos con un derroche de ritmo y de color. El dolor aparece revestido de música y de danza.

Repase con los alumnos todo lo relacionado con la poesía lírica que estudiaron en la primera unidad de este texto. Las actividades que incluimos en esta lección están encaminadas a ayudar a los estudiantes a apreciar tanto la forma como el contenido de los poemas. Al leer en voz alta, haga énfasis en la entonación apropiada. Como se explica anteriormente, el ritmo es muy importante en los poemas de Luis Palés Matos y de América González. Haga la conexión con la música que sea significativa para los estudiantes.

Ampliemos nuestra comprensión

⚡ Piensa, anota y comparte

Las primeras reacciones que tenemos frente a un poema se realizan a través del diálogo con otro(a) lector(a). Éste es precisamente el objetivo de esta actividad, el lograr que los alumnos valoren el diálogo, como medio para la construcción del significado.

✢— Poesía coral editada

Ésta es una variación de la lectura coral de poemas que incorpora la utilización de melodías y movimiento corporal. Igualmente permite la creatividad del (de la) estudiante a través de la repetición o eliminación de segmentos del poema con la finalidad de enfatizar sus propias ideas.

✢— Poema reconstruido

Éste es otro medio de basarse en uno o varios textos para crear otro nuevo. Permite que el (la) estudiante haga suyas palabras y frases que le han impresionado en la producción de reconocidos autores.

Conclusión de la unidad

✢— Los críticos literarios opinan

Esta actividad permite a los estudiantes repasar las obras de esta unidad con el objetivo de evaluarlos comparativamente. De igual manera los alumnos deben justificar sus criterios con razones específicas.

✢— Tabulación y consenso

A través de esta actividad se averiguan cuáles son las preferencias de la clase en total. Deben solidificarse los criterios individuales para lograr una evaluación grupal.

✢— Entrevista semi-estructurada

Para realizar esta actividad los estudiantes deberán revisar los apuntes literarios acerca de las distintas clases de entrevistas en la página 178 de su libro.

✈ Canción

Haga que los alumnos escuchen la canción de Juan Luis Guerra.
Luego pídales que observen los cuadros del pintor Salvador Dalí
que se encuentran en las páginas 3 y 220 y que completen el
siguiente cuadro de comparación y contraste.

¿Qué tipo de manifestación artística es?	
¿Qué elementos absurdos tienen?	
¿Qué significado pueden tener estos elementos?	

"Ojalá que llueva café"

Ojalá que llueva café en el campo
que caiga un aguacero de yuca y té
del cielo una jarina de queso blanco
y al sur una montaña de berro y miel
ojalá que llueva café.

Ojalá que llueva café en el campo
sembrar un alto cerro de trigo y mapuey
bajar por la colina de arroz graneado
y continuar el arado con tu querer.

Oh, oh, ojalá el otoño en vez de hojas secas
vista de mi cosecha de vid
sembrar una llanura de batata y fresas
ojalá que llueva café.

Pa' que en el Conuco no se sufra tanto
(ojalá que llueva café en el campo)
pa' que en Villa Vásquez oigan este canto
(ojalá que llueva café en el campo)

ojalá que llueva, ojalá que llueva ¡ay hombre!
(ojalá que llueva café en el campo)
ojalá que llueva café.

Ojalá que llueva café en el campo
sembrar un alto cerro de trigo y mapuey
bajar por la colina de arroz graneado
y continuar el arado con tu querer.

Oh, oh, ojalá el otoño en vez de hojas secas
vista de mi cosecha de vid
sembrar una llanura de batata y fresas
ojalá que llueva café.

Pa' que en el Conuco no se sufra tanto
(ojalá que llueva café en el campo)
pa' que en Villa Vásquez oigan este canto
(ojalá que llueva café en el campo)
ojalá que llueva, ojalá que llueva ¡ay hombre!
(ojalá que llueva café en el campo)
ojalá que llueva café.

Pa' que to' los niños canten en el campo
(ojalá que llueva café en el campo)
pa' que en La Romana oigan este canto
(ojalá que llueva café en el campo)
¡ay! ojalá que llueva, ojalá que llueva ¡ay hombre!
(ojalá que llueva café en el campo)
ojalá que llueva café.

⊱ Cuarta unidad ⊰

Las mujeres en primer plano

La siguiente unidad presenta algunos análisis de la problemática femenina en la literatura. Esperamos que el examen que usted logre a través de las actividades que incorporamos, le ayuden a reexaminar prácticas injustas y a crear mayor comprensión y armonía entre los estudiantes de diversos sexos.

Como actividad inicial sería buena idea pedir a los estudiantes que escriban en sus diarios un análisis personal acerca de las siguientes preguntas. Hay versiones paralelas para los chicos y las chicas.

Para las alumnas	Para los alumnos
¿Qué concepto tienes de ti misma?	¿Qué concepto tienes de la mujer?
¿Cómo se te acepta en casa como mujer?	¿Cómo se la aprecia o acepta en tu casa?
¿Cuál crees que es tu función en la sociedad en que vives?	¿Qué función crees que tiene la mujer en la sociedad?
¿Cuáles son tus aspiraciones para el futuro?	¿Qué función crees que debería tener la mujer en la sociedad futura?

Canciones

Lección 1

«Como tú»
Grupo Huayucaltía

«La mujer que yo quiero»
Joan Manuel Serrat

LECCIÓN

Rigoberta Menchú, Premio Nobel de la Paz

1

Incluimos una entrevista con Rigoberta Menchú, «Me han pasado cosas como si fuera una película», que presenta un recuento de su vida. Queremos resaltar su labor política en favor de los indígenas de su país y su entrega incondicional a la lucha por la reivindicación de los indígenas aún a costa de su sacrificio personal.

 ## Alistémonos para leer

✂ Cuadro anticipatorio

La finalidad de esta actividad es enfocar la atención de los estudiantes en el tema de la lectura que van a hacer.

 ## Leamos activamente

✂ Diario de doble entrada

La vida de Rigoberta ha sido muy difícil. Este cuadro ayudará a los estudiantes a reflexionar sobre algunos de los incidentes que narra Rigoberta y a analizar en qué forma esas experiencias dolorosas la llevaron a cobrar conciencia de su responsabilidad social.

Apuntes literarios

Después de leer la selección de esta lección, lea con los estudiantes la explicación de lo que es la **literatura de testimonio.** Pídales que encuentren en las lecturas ejemplos de las características de este género.

Ampliemos nuestra comprensión

✦ Discusión de estereotipos

Un estereotipo es una imagen mental compartida por los miembros de un grupo y que representa una opinión muy simplificada de la situación. Los estereotipos reflejan actitudes afectivas o juicios acríticos.

A través de esta unidad podrá hacerse un estudio de los estereotipos que normalmente se tienen con respecto al papel de la mujer en el hogar o en la sociedad. Sería recomendable que se revisen otros tipos de estereotipos. Por ejemplo, en la *Tercera unidad,* en el cuento «La suerte» se menciona a un judío «joyero» quien trata de engañar a su vecino. ¿Hay aquí una visión estereotipada de este grupo étnico? Pueden buscar ejemplos en otros cuentos leídos y generar discusiones abiertas en la clase.

Taller de composición

✦ Ensayo de reflexión

Guíe a los alumnos para que escriban un ensayo formal. Utilice la *Transparencia 10* para repasar los pasos que deben seguir.

El poema «Patria abnegada» fue escrito en el exilio. Rigoberta se encontraba en México porque su vida peligraba en Guatemala. En este poema describe con tristeza cómo dejó a su país, pero también expresa una gran esperanza acerca del futuro.

Patria Abnegada

Rigoberta Menchú

Crucé la frontera amor,
no sé cuándo volveré.
Tal vez cuando sea verano,
cuando abuelita luna y padre sol
se saluden otra vez,
en una madrugada esclareciente,
festejados por todas las estrellas.
Anunciarán las primeras lluvias,
retoñarán los ayotes que sembró Víctor
en esa tarde que fue mutilado por militares,
florecerán los duraznales
y florecerán nuestros campos.
Sembraremos mucho maíz.
Maíz para todos los hijos de nuestra tierra.
Regresarán los enjambres de abejas que huyeron
por tantas masacres y tanto terror.
Saldrán de nuevo de las manos callosas tinajas
y más tinajas para cosechar la miel.

Crucé la frontera empapada de tristeza.
Siento inmenso dolor de esa madrugada
lluviosa y oscura,
que va más allá de mi existencia.
Lloran los mapaches, lloran los saraguates,
los coyotes y sensontles totalmente silenciosos,
los caracoles y los jutes desean hablar.
La tierra madre está de luto, empañada de sangre.
Llora día y noche de tanta tristeza.
Le faltarán los arrullos de los azadones,
los arrullos de los machetes,
los arrullos de las piedras de moler.
En cada amanecer estará ansiosa de escuchar
risas y cantos de sus gloriosos hijos.

Crucé la frontera cargada de dignidad.
Llevo el costal lleno de tantas cosas
de esa tierra lluviosa.
Llevo los recuerdos milenarios de Patrocinio,
los aceites que nacieron conmigo,
el olor de la primavera,
olor de los musgos, las caricias de la milpa
y los gloriosos callos de la infancia.
Llevo el güilpil colorial
para la fiesta cuando regrese.
Llevo los huesos y el resto de maíz. ¡Pues sí!
Este costal volverá a donde salió,
pase lo que pase.

Crucé la frontera amor.
Volveré mañana, cuando mamá torturada
teja otro güilpil multicolor,
cuando papá quemado vivo madrugue otra vez,
para saludar el sol desde las cuatro esquinas
de nuestro ranchito.
Entonces habrá cuxa para todos, habrá Pom,
la risa de los patojos, habrán marimbas alegres.
Harán lumbres en cada ranchito, en cada río
para lavar el Nixtamal en la madrugada.
Se encenderán los ocotes, alumbrarán las veredas,
los barrancos, las rocas y los campos.

Vocabulario y apuntes:

1. *ayotes:* calabazas

2. *Víctor* fue el hermano de Rigoberta.

3. *saraguates:* especie de pájaro

4. *sensontles:* especie de pájaro negro con blanco con un cantar muy hermoso

5. *jutes:* caracoles largos comestibles de los ríos de agua dulce

6. *Patrocinio:* Se refiere a la protección y ayuda de los secretos, tradiciones, ceremonias de sus ancestros.

7. *costal:* un saco grande

8. *cuxa:* un licor casero de maíz parecido al mezcal

9. *Pom:* tortillas de maíz

10. *patojos:* Así se llaman a los niños en Guatemala.

11. *Nixtamal:* maíz medio cocido en agua de cal para hacer tortillas.

12. *ocotes:* Especie de pino resinoso. Las astillas cortadas del centro del árbol se usan para prender la lumbre.

✄ Actividades para el poema

1. Lean el poema silenciosamente. Luego, en grupos de cuatro lean nuevamente el poema en voz alta.

2. El (La) maestro(a) te entregará un papel grande. Divídanlo en dos columnas. En la columna de la izquierda anoten algunas de las imágenes que usa la autora para describir cómo se siente al dejar su patria y cómo la naturaleza refleja este sentimiento. En la otra columna anoten las imágenes que muestran cómo espera encontrar a su país cuando regrese.

3. En sus grupos decidirán cuáles son las imágenes que representan su propia realidad y cuáles son las fronteras que necesitan cruzar para crear una realidad más esperanzadora. En un papel grande harán lo mismo que hicieron con el poema «Patria abnegada» usando sus propias imágenes. En la primera columna anotarán las imágenes que describen su realidad actual. En la otra, anotarán imágenes que muestren cómo les gustaría ver esa realidad algún día.

4. Usando como modelo el poema de Rigoberta y basándose en las imágenes que anotaron en sus grupos, el grupo escribirá un poema colectivo.

Dos canciones que se pueden usar con esta lección son:

1. «Como tú» que es un poema del poeta salvadoreño Roque Dalton, que habla de la lucha más allá de uno mismo: «Y que mis venas no terminan en mí, sino en la sangre unánime de los que luchan por la vida, el amor y las cosas». Lo interpreta el grupo Huayucaltía.

2. «La mujer que yo quiero» por Joan Manuel Serrat.

Como tú

Roque Dalton

Yo, como tú,
amo el amor, la vida, el dulce encanto
de las cosas, el paisaje
celeste de los días de enero.

También mi sangre bulle
y río por los ojos
que han conocido el brote de las lágrimas.

Creo que el mundo es bello,
que la poesía es como el pan, de todos.

Y que mis venas no terminan en mí
sino en la sangre unánime
de los que luchan por la vida,
el amor,
las cosas,
el paisaje y el pan,
la poesía de todos.

La mujer que yo quiero

Joan Manuel Serrat

La mujer que yo quiero no necesita
bañarse cada noche en agua bendita
tiene muchos defectos dice mi madre
y demasiados huesos dice mi padre
pero ella es más verdad que el pan y la tierra
mi amor es un amor de antes de la guerra
para saberlo...

La mujer que yo quiero no necesita
deshojar cada noche una margarita

La mujer que yo quiero es fruta jugosa
prendida en mi alma como si cualquier cosa
con ella quieren dármela mis amigos

y se amargan la vida mis enemigos
porque sin querer tú, te envuelve su arrullo
y contra su calor se pierde el orgullo
y la vergüenza
La mujer que yo quiero es fruta jugosa
madurando feliz, dulce y vanidosa

La mujer que yo quiero me ató a su yunta
para sembrar la tierra de punta a punta
de un amor que nos habla con voz de sabio
y tiene de mujer la piel y los labios
son todos suyos mis compañeros de antes
mi perro, mi excalestris y mis amantes
pobre Juanito

La mujer que yo quiero me ató a su yunta
pero por favor no se lo digas nunca.

2

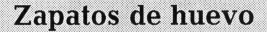

Zapatos de huevo

Este cuento del escritor chicano Jim Sagel explora, a través de la óptica de su personaje central femenino, una experiencia familiar de la infancia. La narración se presta para el examen de los diversos papeles de la familia, agudizados por circunstancias tensas. El cuento destaca el papel de la madre como la persona encargada de crear la paz en medio del caos, y muestra la percepción de los hechos por parte de la protagonista, entonces, y después, en su madurez. El cuento recrea una atmósfera jocosa, y celebra los pequeños placeres y temores de la vida.

Alistémonos para leer

Predicción en base al título

Los títulos de los cuentos a veces nos resultan ingeniosos y provocativos, otras veces no nos causan mayores reacciones. Muchas veces al leer un título, las vivencias que emergen son tan poderosas que después las recordamos tan vívidamente como el cuento. A través de esta actividad exploramos este tipo de conexiones y anticipaciones personales.

En esta actividad los alumnos tendrán un minuto para pensar en el título del cuento, y luego compartirán sus ideas oralmente con otro(a) estudiante.

Escritura rápida

El objetivo de esta actividad es lograr que los alumnos recuerden eventos familiares que les permitan enfocar su atención y establecer conexiones con la temática del cuento. Es importante alertar a los alumnos de antemano que tendrán que compartir sus respuestas con un(a) compañero(a), en caso que haga una diferencia en la selección de la historia.

Leamos activamente

✄ Red de personajes

Antes de hacer esta actividad repase con los alumnos los *Apuntes literarios*. Los alumnos deberán copiar en una hoja limpia el cuadro del libro. El cuadro debe cubrir toda la página, distribuyéndose equitativamente el espacio entre los diversos componentes. Al copiar el cuadro, los estudiantes se darán cuenta de quiénes son los personajes centrales de la historia y de cuáles son sus características principales.

El cuento se cubrirá a través de tres estrategias: comprensión auditiva, lectura en grupos y lectura silenciosa. Al final de cada una de ellas se pedirá a los estudiantes que, trabajando en grupos de cuatro, completen el cuadro a través de discusiones colaborativas.

✄ Comprensión auditiva

En la cinta grabada que acompaña el texto se encuentra la primera parte de la narración. Los alumnos escucharán la cinta, y luego tomarán algunas anotaciones en su cuadro.

✄ Lectura en grupos

Cada estudiante tendrá la oportunidad de leer en voz alta dos párrafos, uno durante la primera rueda y el otro durante la segunda. Al final de esta lectura continuarán llenando notas en el cuadro.

✄ Lectura silenciosa

Cada estudiante terminará el cuento independientemente, y luego de una discusión colaborativa, completará las anotaciones en el cuadro.

Ampliemos nuestra comprensión

Escritura en el diario

El objetivo de esta actividad es lograr que los alumnos comparen las diferentes percepciones de la narradora respecto a su madre: primero durante su niñez, y luego de adulta.

Es importante resaltarles a los alumnos que las opiniones que tenemos de las cosas muchas veces cambian con el tiempo, y que es bueno ser receptivos a estos cambios y a revisiones.

Monólogos colaborativos

Divida a los alumnos en grupos de cuatro y asígnele un personaje de la historia a cada grupo. Dígales que se pongan en el lugar del personaje y escriban un pequeño monólogo en que muestren lo que está pasando por la mente de dicho personaje en un momento específico del cuento. Esta actividad les ayudará a comprender mejor a los personajes.

Escenas congeladas

Dígales a los alumnos que deben estar muy callados y «congelados» durante esta actividad. Paséese por el salón y vaya tocando a un(a) estudiante de cada grupo para que «cobre vida» y actúe el monólogo escrito en su grupo.

Reflexión analítica

Nuestro comportamiento en la sociedad está regulado por una serie de normas que conocemos intuitivamente y acatamos, pero pocas veces examinamos a nivel explícito. La división en los papeles masculinos, femeninos, adultos, infantiles, etc., son ejemplos de esto.

Esta actividad permite que los alumnos, habiendo extraído datos concretos respecto a las funciones de cada uno de los miembros de la familia de «Zapatos de huevo», las analicen y categoricen. A través de este examen es posible hacer explícitas algunas de las reglas de conducta que se observan dentro de la familia de la protagonista.

Algunos ejemplos de las reglas que los alumnos pueden escribir aparecen a continuación.

- El trabajo de la casa es responsabilidad de las mujeres.

- El cocinar es labor femenina.

- Después del juego de cartas, los adultos toman café con buñuelos.

- La mamá es la encargada de cuidar la salud de la familia.

Taller de composición

✂ Ensayo de comparación y contraste

A través de esta actividad se logra que los alumnos extiendan su análisis más allá del cuento, para aplicar su perspectiva analizando sus propias circunstancias y las reglas que se observan en sus familias.

La actividad se inicia con una generación espontánea de las diversas normas familiares. En base a este listado y a las reglas extraídas del cuento, deberán elaborar un ensayo en el cual comparen ambos sistemas.

✂ Revisión de un(a) compañero(a)

Al día siguiente, una vez desarrollado el ensayo, se dedicarán aproximadamente unos quince minutos para que los alumnos revisen en parejas sus textos.

Si es necesario guiar un poco este tipo de respuesta, se puede sugerir que después de leer atentamente el ensayo del (de la) compañero(a), el (la) lector(a) incluya su reacción a las preguntas que siguen.

- ¿Cuál le pareció la parte más interesante o lograda del ensayo?

- ¿Qué temas le gustaría que se exploraran más detalladamente? ¿A qué preguntas le gustaría tener una contestación?

- ¿Qué otras sugerencias tiene?

Utilizando algunas de las sugerencias y comentarios del (de la) compañero(a), el ensayo deberá ser revisado para la clase siguiente.

3

Cuatro voces femeninas

Estos cuatro poemas plasman la rebeldía de sus autoras frente a la condición secundaria y sumisa a la que se ha relegado a la mujer. Es de especial importancia anotar que la mexicana Sor Juana Inés de la Cruz escribe su poesía durante el siglo XVII, en plena colonia. Las otras tres poetisas escriben sus vivencias en el siglo XX.

Alistémonos para leer

✂ Si te pudiera decir

Esta actividad prepara a los alumnos mentalmente para apreciar poemas, escritos por mujeres, que van dirigidos al sexo masculino. Algunos de estos poemas pueden causar ciertas dificultades a los alumnos debido al vocabulario y la sintaxis compleja. Sin embargo, lo importante no es que los alumnos entiendan todo lo que dice el poema, sino que aprecien el sentir de las escritoras hacia la situación.

Al finalizar la escritura de los monólogos, pídales a los diferentes grupos que los compartan con el resto de la clase.

Leamos activamente

✂ Rompecabezas de lectura

Este rompecabezas consta de dos etapas principales:

1. Equipos expertos: en estos grupos los alumnos desarrollarán su conocimiento acerca de la perspectiva presentada por la poetisa, a través de un proceso interactivo que culminará con la elaboración individual de un diagrama de «mente abierta».

   Divida la clase en grupos de cuatro y asigne un poema a cada grupo. Según el número de alumnos, habrá uno, dos o más grupos que leerán el mismo poema. La asignación de poemas a cada grupo tiene que ser cuidadosamente planeada. Dos poemas son más extensos que los otros y también más difíciles. Sin que los alumnos se den cuenta conforme los grupos de tal manera que los dos poemas más cortos sean trabajados por los estudiantes que tienen más dificultad con la lectura. De esta manera los grupos estarán listos para el **cuatro en turno** a aproximadamente el mismo tiempo.

2. Equipos base: Una vez terminada la elaboración del diagrama «mente abierta», pídale a los alumnos que trabajaron el mismo poema, que se numeren. Luego todos los números iguales pasarán a formar los equipos base. En este grupo, cada miembro compartirá la información en la cual se volvieron «expertos», y el diagrama que elaboraron. Si bien es verdad que cada alumno(a) leerá, discutirá a fondo y se volverá un experto acerca de un poema individual, a través de esta última etapa podrá gozar de cuatro poemas diferentes.

   En caso de no tener un número total de alumnos que sea múltiplo de cuatro, el (la) maestro(a) podrá asignar a dos alumnos para que trabajen en conjunto como si fueran uno. Estos dos alumnos serán nombrados «mellizos» durante la duración de la actividad.

✂ Diagrama «mente abierta»

En esta actividad los alumnos representan las ideas, sentimientos y estado de ánimo de la poetisa, utilizando citas, palabras claves, símbolos, diseños y dibujos. Cada estudiante, después de discutir cooperativamente las diversas ideas acerca de su poema y las posibilidades para su diagrama, elaborará un diagrama de «mente abierta» individual.

✂ Escritura de un poema

Para esta actividad la única restricción es el tema, que es bastante amplio y lleno de posibilidades. Si los alumnos encuentran dificultad para escribir un poema libre, guíelos en la escritura de un poema que siga la estructura de «Superwoman».

Otra manera de ayudar a los jóvenes es haciéndolos pensar en las diversas maneras en que son percibidos por los diversos grupos importantes en sus vidas. Por ejemplo: sus padres, sus familiares, sus amigos, sus compañeros de escuela. En base a esta lista, pídales que anoten si se sienten cómodos o no con dichos papeles y por qué con estos datos la elaboración del poema será más sencilla.

La despedida

4

¿Mejora la situación femenina a medida que se asciende en la escala social? El cuento de Bárbara Mújica explora el tema de la difícil condición de dos mujeres, una de clase media, y la otra de clase trabajadora. A pesar de las grandes diferencias socio-económicas, la problemática que enfrentan ambas es muy similar.

Alistémonos para leer

✂ Exploración de un concepto

La mayoría de la gente tiene una idea de lo que significa el machismo. Esa idea, sin embargo, no es siempre consciente. A través del siguiente pequeño ensayo, queremos que los estudiantes exploren sus entendimientos y su propia posición frente al fenómeno. Esto les ayudará en la lectura del cuento para poder discutir las situaciones de las dos protagonistas, y finalmente les permitirá comparar sus ideas con las de los autores de los pasajes que leerán al final.

Pídales a los alumnos que se tomen aproximadamente veinte minutos para componer su ensayo. Luego éste será compartido en grupos de cuatro y finalmente será revisado individualmente.

✂ Piensa, anota y comparte

Las preguntas a explorarse en esta actividad llevan a los alumnos a situar el machismo en su contexto socio-económico, lo cual es importante para entender el cuento. Como individuos estamos limitados por nuestras experiencias, por eso queremos que los alumnos discutan sus experiencias y creencias, para luego construir nuevos entendimientos en base a las experiencias presentadas por el cuento.

Leamos activamente

✂ Lectura dramatizada

Como este cuento está escrito de manera dialogada, se presta para la lectura dramatizada en grupos. Divida a los alumnos en grupos de cuatro y pídales que se distribuyan los distintos papeles. De esta forma será más interesante la lectura y les ayudará en la comprensión del cuento.

✂ Discusión de grupo

Luego en el mismo grupo, los alumnos discutirán sus opiniones de los acontecimientos y las posibles alternativas de acción que tienen los personajes. En esta actividad es importante que los alumnos justifiquen sus contribuciones porque de otra manera la actividad puede carecer de importancia.

✂ Lectura silenciosa

El final del cuento puede ser leído individualmente en forma silenciosa.

Ampliemos nuestra comprensión

✂ Diagramas de Venn

Con el objetivo de que los alumnos puedan comparar las similitudes en las situaciones de las dos parejas, se les pide que llenen diagramas que comparan a los dos esposos y a las dos esposas. Utilice la *Transparencia* 8 para hacer esta actividad.

✂ Doctora Solución

Para que los alumnos puedan plantear alternativas de solución a las situaciones presentadas por el cuento, es importante que primero entiendan perfectamente bien cuál es el punto de vista de cada personaje. Con este objetivo, los alumnos escogerán a un personaje para escribir en su nombre una carta que describa su situación y problema. Esta carta inicial será elaborada en clase. El tiempo recomendable para esta actividad es aproximadamente veinte minutos. Luego que usted recoja las cartas, distribúyalas de manera tal que los alumnos reciban la carta de un(a) compañero(a), y su tarea para el día siguiente será responder a nombre de la Doctora Solución, con el consejo más adecuado que puedan dar. Estas cartas se engraparán y devolverán al (a la) autor(a) inicial.

✂ Rompecabezas de lectura

Incluimos cuatro selecciones para ampliar el examen del fenómeno del machismo. Estas serán leídas por los estudiantes a través de un pequeño rompecabezas de lectura. Luego de leer y compartir, los estudiantes revisarán su ensayo inicial para incorporar las ideas de otros y sus reacciones personales.

5 | Como agua para chocolate

Esta lección presenta el primer capítulo de la novela de la escritora mexicana Laura Esquivel *Como agua para chocolate*. Esta excelente novela combina una presentación de la realidad pueblerina durante la época de la Revolución mexicana, el rígido ambiente impuesto por la madre tradicional de la protagonista y consejos culinarios.

Alistémonos para leer

 Entrevista

Esta actividad tiene como objetivo que los estudiantes exploren algunas tradiciones familiares. Se les pedirá que para el día siguiente realicen una entrevista a un adulto en su familia o vecindario acerca de una o dos tradiciones que tenía su familia. Explíqueles a los alumnos que estas tradiciones pueden relacionarse a celebraciones (de cumpleaños, de fiestas importantes, etc.), el modo de realizar ciertos actos (peticiones de matrimonio, declaraciones amorosas), la manera de preparar ciertas comidas, etc.

Con este objetivo trabajarán dos alumnos en pareja, preparando una introducción y algunas de las preguntas a incluirse durante la entrevista. Las notas acerca de la entrevista semi-estructurada se encuentran en la página 49 de la *Tercera unidad.*

Intercambio de ideas

Trabajando en parejas los alumnos compartirán sus ideas. Explíqueles que es muy importante que presten atención a la historia de su compañero(a), pues luego tendrán que compartirla con la clase.

Luego de este intercambio, el (la) maestro(a) llamará uno por uno a los alumnos para que cuenten la tradición de sus compañeros. Si una tradición ya ha sido explicada por otro(a) estudiante, bastará con que el (la) alumno(a) diga «La tradición de Fulanito, como la de Sutanita, se refiere a la utilización de piñatas en la celebración de cumpleaños infantiles». De esta manera los alumnos también practicarán su capacidad de síntesis.

Leamos activamente

 Lectura silenciosa

La lectura del capítulo se iniciará de manera silenciosa. Se les proporciona a los estudiantes algunas preguntas para guiar la lectura.

Discusión de grupo

Esta actividad invita a los alumnos a que especulen posibles respuestas a los interrogantes e inquietudes de Tita. Al discutir posibles respuestas se facilita el análisis del personaje y el cuestionamiento de tradiciones.

Ampliemos nuestra comprensión

⚓ Diálogo: Lo que nunca se dijo

Muchas veces las cosas podrían resultar mejor si nos diéramos la oportunidad de discutir nuestros sentimientos con las personas con quienes tenemos problemas. El diálogo honesto nunca ocurre entre Mamá Elena y Tita por la barrera que impone la madre. En esta actividad se pide a los alumnos que asuman que los diálogos íntimos entre madre e hija ocurrieron, y que generen dichos diálogos.

⚓ Trabajo en parejas: Análisis del estilo

Guíe a sus alumnos en la revisión de los cuentos de la *Unidad tres*, y en un repaso del realismo mágico. Luego pídales que en parejas relean fragmentos del capítulo uno de *Como agua para chocolate*, identificando secciones que reflejan dicho estilo.

⚓ Escena ilustrada

Aprovechando la inclusión de ciertos cuadros surrealistas, esta actividad permite que los alumnos establezcan conexiones entre diversas formas de arte como la pintura y la literatura. Igualmente les ayuda a expandir las maneras de comunicar sus ideas.

Como en ocasiones anteriores similares, es de suma importancia que usted exhiba todos los trabajos de sus alumnos, combinando los más y los menos sobresalientes de manera tal que la diferencia sea mínima.

Conclusión de la unidad

Síntesis y conexión de conceptos

❧ ¿Quién es este personaje?

Esta actividad combina discusión en grupo para seleccionar cuatro personajes femeninos y anotar sus características principales. Luego cada alumno(a) seleccionará uno y elaborará un diagrama de «mente abierta». Este diagrama será completado en casa, y al día siguiente, sin haberles colocado nombre, serán intercambiados con los cuatro diagramas de otro grupo para que en conjunto los alumnos adivinen quién es el personaje en cuestión.

❧ Lo que él contestó

La poesía incluida en esta unidad presenta actitudes femeninas que invitan una respuesta. Asumiendo el papel masculino, los alumnos deberán contestar a las poetisas.

❧ Diagrama triple de Venn

El objetivo de esta actividad es lograr que los estudiantes conecten a tres de las madres presentadas en la unidad, analizando los puntos en que coinciden y en que difieren. Es verdad que las similitudes son mínimas, pero es importante que resalten las diferentes situaciones en las que se encuentran, así como sus diversas respuestas. Utilice la *Transparencia 15* para explicarles esta actividad.

✂ Estás en el banquillo

Ésta es una actividad para hacer que los alumnos profundicen en el análisis de los personajes. Los estudiantes asumen el papel de un personaje y contestan preguntas que les hacen los otros personajes.

A continuación repetimos el procedimiento:

1. Divida la clase en grupos de cinco.

2. Cada grupo escoge a un personaje diferente.

3. En sus grupos los estudiantes hablan acerca del personaje que van a representar y escriben una lista de las características del personaje. (10 minutos)

4. En el mismo grupo los estudiantes escriben dos o tres preguntas que su personaje le haría a cada uno de los personajes escogidos por los otros grupos. Las preguntas pueden enfocarse en por qué un personaje hizo o dijo algo o qué sintió cuando sucedió algo. (10 minutos)

5. Cada grupo pasará al frente para responder las preguntas que les harán los otros grupos. Los miembros del grupo que está al frente se turnarán para responder las preguntas de los otros grupos.

   Una variación de esta actividad es:

6. Reagrupe a los alumnos de modo que en el nuevo grupo se encuentre un representante de cada uno de los primeros grupos. Es decir, cada estudiante representa a un personaje diferente.

7. Por turnos cada estudiante ocupa «el banquillo» y contesta las preguntas que le hagan los demás personajes. Recuérdeles que deben contestar como lo haría el personaje que están representando.

✂ Trabajo de investigación

Ésta es una oportunidad para llevar a los estudiantes a la biblioteca y desarrollar habilidades para encontrar información.

Quinta unidad

La casa de Bernarda Alba

La casa de Bernarda Alba es considerada la obra teatral más lograda de la dramaturgia española contemporánea. Si bien es verdad que para entenderla es bueno conocer aspectos del contexto en el que se desenvuelve, su tema refleja pasiones y conflictos humanos universales.

Canciones

Lección 3

«He andado muchos caminos»
Joan Manuel Serrat

1

Acto primero

Alistémonos para leer

Explíqueles a sus alumnos que, aunque *La casa de Bernarda Alba* es un poco difícil de entender en una primera lectura, las actividades de la unidad les ayudarán a explorar un mundo extraño y distante, del cual podrán sacar algunas conclusiones acerca de la condición humana.

✂ Rompecabezas de predicción

Esta actividad permite que los alumnos lean citas seleccionadas de la obra para poder empezar a explorar algunos de los temas que serán tratados en la obra. Existen por lo menos dos maneras de trabajar esta actividad: la primera con la clase entera, la segunda en grupos de cuatro. Si cree que pueda resultarle caótico con la clase entera, use la segunda alternativa.

Con la clase entera:

Fotocopie las siguientes tres páginas y luego recorte cada cita individualmente. Explíqueles a sus alumnos que cada uno de ellos recibirá una tira de papel con una cita de la obra, y que por los siguientes cinco minutos circularán alrededor de la clase, formando parejas. En estos grupos de dos leerán la cita que hayan recibido, y escucharán la cita de su compañero(a). Luego buscarán otro compañero(a), y se repetirá el mismo proceso hasta que el (la) maestro(a) marque tiempo. Entonces regresarán los alumnos a sus sitios y, en grupos de cuatro y basándose en las citas que escucharon, agregarán nuevas predicciones a la lista.

En grupos de cuatro:

Seleccione cuatro citas de la lista que incluimos a continuación. Entregue a cada grupo cuatro tiras de papel con las citas seleccionadas. Trabajando cuatro en turno, cada estudiante leerá en voz alta su cita, y luego, colaborativamente, agregarán a la lista que han elaborado sus nuevas predicciones.

CITAS

«¡Cuánto hay que sufrir y luchar para hacer que las personas sean decentes y no tiren al monte demasiado!»

«No hay en cien leguas a la redonda quien se pueda acercar a ellas. Los hombres de aquí no son de su clase.»

«Es preferible no ver a un hombre nunca. Desde niña les tuve miedo.»

«Yo no puedo estar encerrada. No quiero que se me pongan las carnes como a vosotras; no quiero perder mi blancura en estas habitaciones.»

«Me sigue por todos lados. A veces se asoma a mi cuarto a ver si duermo. No me deja respirar.»

«Nacer mujer es el mayor castigo.»

«Nací para tener los ojos abiertos. Ahora vigilaré sin cerrarlos ya hasta que me muera.»

«En el pueblo hay gentes que leen también los pensamientos escondidos.»

«Eso es lo que deberías hacer: obrar y callar a todo. Es la obligación de los que viven a sueldo.»

«Yo veía la tormenta venir, pero no creía que estallara tan pronto.»

«...maldito pueblo sin río, pueblo de pozos, donde siempre se bebe el agua con el miedo de que esté envenenada.»

«¡Andad a vuestras casas a criticar todo lo que habéis visto!»

«En ocho años que dure el luto no ha de entrar en esta casa el viento de la calle.»

«Las mujeres en la iglesia no deben mirar más hombres que al oficiante, y ése porque tiene faldas.»

«Aquí se hace lo que yo mando, ya no puedes ir con el cuento a tu padre.»

«¡No ha tenido novio ninguna ni les hace falta! Pueden pasarse muy bien.»

«Pero yo soy buena perra, ladro cuando me lo dicen.»

«Los pobres son como los animales; parecen como si estuvieran hechos de otras sustancias.»

«Hoy hay más finura, las novias se ponen el velo blanco como en las poblaciones, y se bebe el vino en botella, pero nos pudrimos por el qué dirán.»

«¡Pobrecilla! Es la más joven de nosotras y tiene ilusión.»

«No os hagáis ilusiones de que vais a poder conmigo. ¡Hasta que salga de esta casa con los pies delante mandaré en lo mío y en lo vuestro!»

«No quiero ver a estas mujeres solteras rabiando por la boda, haciéndose polvo el corazón, yo me quiero ir a mi pueblo.»

«Si Bernarda no ve reluciente las cosas me arrancará los pocos pelos que me quedan.»

«Ella, la más aseada; ella la más decente; ella la más alta. ¡Buen descanso ganó su pobre marido!»

«Es capaz de sentarse encima de tu corazón y ver cómo te mueres en un año sin que se le quite esa sonrisa fría que lleva en su maldita cara.»

«...me encerraré con ella en un cuarto y le estaré escupiendo un año entero.»

«Me han quitado el retrato de mi novio.»

«Y para ocultar su vergüenza lo mató y lo metió debajo de unas piedras, pero unos perros con más corazón que muchas criaturas lo sacaron, y como llevados por la mano de Dios lo han puesto en el tranco de su puerta.»

«Me gustaría segar para ir y venir. Así se olvida lo que nos muerde.»

«No pienso. Hay cosas que no se pueden ni se deben pensar. Yo ordeno.»

«Aquí no pasa nada. ¡Eso quisieras tú! Y si pasa algún día, estáte segura que no traspasará las paredes.»

«Una hija que desobedece deja de ser hija para convertirse en enemiga.»

«Yo no me meto en los corazones, pero quiero buena fachada y armonía familiar. ¿Lo entiendes?»

«¿Qué escándalo es éste en mi casa y en el silencio del peso del calor? Estarán las vecinas con el oído pegado a los tabiques.»

«No pasa nada por fuera. Eso es verdad. Tus hijas están y viven como metidas en alacenas. Pero ni tú ni nadie puede vigilar por el interior de los pechos.»

✦ Visualización

Pídale a sus alumnos que se concentren y escuchen la descripción de la escena que usted va a leerles. Los estudiantes deben imaginarse la escena. Para algunos alumnos es mucho más fácil hacer este ejercicio si cierran los ojos.

Imagínate una habitación amplia, de techos altos, muros gruesos, toda pintada de blanco. Las ventanas están cerradas y cubiertas con cortinas de tela pesada. De las paredes cuelgan unos cuantos cuadros oscuros. Los pocos muebles en la habitación son austeros. Es verano, hace un calor insoportable. A lo lejos se escucha el lúgubre tañir de las campanas.

Leamos activamente

✦ Diario de reflexión léxica

Como *La casa de Bernarda Alba* ha sido escrita en español peninsular, la obra contiene algunos vocablos que le serán desconocidos a los alumnos. A través de la lectura los estudiantes mantendrán un listado de los términos desconocidos que encuentren, de la cita que los contenga, y de su posible significado. Al final de cada acto, en parejas o en grupos de cuatro, los alumnos compararán sus listas.

Sería recomendable elaborar un cartelón y mantenerlo en alguna pared de la clase en la que se listen estos términos nuevos, una cita que los utilice y una aproximación a su significado. A esta lista se le puede agregar una cuarta columna en la que se ofrezcan otras variaciones dialectales del mismo término y su lugar de procedencia.

❧ Familiaricémonos con un personaje

Esta actividad requiere que los alumnos, trabajando en grupos colaborativos, relean por segunda vez el primer acto y se concentren en el análisis de uno de los seis personajes principales de la obra. Distribuya usted los grupos según el número total de sus alumnos, cifra que será dividida entre seis (no importa si algunos grupos tienen un número desigual de miembros). Cada grupo deberá hacer un listado de lo que se va conociendo acerca del carácter del personaje y de las fuentes de dicho conocimiento. Usted podrá sugerirles a sus alumnos que utilicen un cuadro de doble columna, pero al mismo tiempo, anímelos para que de común acuerdo decidan un método alternativo de tomar notas. En cualquier caso, cada alumno(a) será responsable por mantener una copia personal de las notas del equipo. Antícípeles a sus estudiantes que estas notas serán utilizadas en el futuro. Al terminar esta actividad, llame a una persona de cada grupo para que comparta con la clase las conclusiones de su grupo.

Los personajes seleccionados son:

Bernarda Alba

La Poncia

Angustias

Martirio

Adela

María Josefa

❧ Análisis del ambiente

Haga que sus alumnos repasen las notas que se incluyeron acerca del ambiente en la *Lección uno* de la *Primera unidad*. Luego iniciará una discusión acerca del ambiente en *La casa de Bernarda Alba*. Ésta podrá realizarse inicialmente en parejas, y de allí llevarse a cabo con la clase en general. Otra manera de hacer esta discusión es pedirle a los alumnos que, en silencio e individualmente, escriban algunas notas acerca del ambiente familiar y pueblerino que se presenta en esta obra, las cuales podrán ser luego compartidas con la clase (siguiendo la técnica de agregar «ideas novedosas solamente»).

Ampliemos nuestra comprensión

Taller de composición

✂ Ensayo de comparación y contraste

Esta actividad requiere que los alumnos relacionen lo que han leído con una situación actual de su elección. No se olvide de aclarar que si bien esta obra muestra muchos de los comportamientos y valores de la España de su época, la situación de Bernarda Alba y su familia no representa el común comportamiento de la gente en Andalucía.

Para esta actividad pídales a los alumnos que en sus grupos de cuatro tomen cinco minutos para generar una lista de posibles temas que sean apropiados para una comparación. Los posibles temas serán compartidos, y apuntados por todos, y de la lista total, cada alumno(a) escogerá por lo menos tres temas que le resulten apropiados.

Temas que pueden ser escogidos por los alumnos incluyen, además del mencionado en el libro del estudiante:

reglas que rigen la herencia a la muerte de un padre

la relación entre dueña de casa y criada

preocupación por la opinión pública, por el «qué dirán»

relación entre madre e hijas

Luego escogerán la situación específica con la cual quieran comparar los temas de Bernarda Alba y escribirán su composición. Recuerde a los alumnos que deben sustentar todas sus afirmaciones con citas cuando se refieren a la obra teatral, y con ejemplos concretos cuando se refieren al tema con el cual la están comparando.

Acto segundo

Alistémonos para leer

✄ **Escritura en el diario**

Pida a los alumnos que abran sus cuadernos en la sección del
diario. Dígales que piensen por un minuto en el acto que acaban
de leer y luego anoten lo que más les ha impresionado. A
continuación deberán tratar de anticipar lo que va a suceder
en el segundo acto.

Leamos activamente

✄ **Familiaricémonos con un personaje**

Esta actividad extiende el trabajo iniciado en el primer acto en
grupos colaborativos de cuatro. Los estudiantes continuarán
trazando ciertos acontecimientos de la obra a través de los
cambios que se operan en uno de los personajes centrales de la
obra. Nuevamente cada alumno(a) deberá mantener sus notas
individuales.

✄ **Diagrama «mente abierta»**

Ya los alumnos deben estar familiarizados con esta actividad. Es
una manera muy efectiva de conocer mejor a los personajes.

Ampliemos nuestra comprensión

✂ El soliloquio

Lea con los alumnos la explicación de los *Apuntes literarios*. Tal vez podría leerles el soliloquio de Hamlet. Luego guíelos para que escriban el que se les pide en el texto.

✂ Grupo de discusión

Estas preguntas pueden resultar controversiales. Dejamos a su criterio, el enfoque que se le dé a esta discusión. Sería conveniente que discuta con sus alumnos las diferencias entre el contexto social en que se desarrolla la obra y el contexto en que viven los estudiantes.

Taller de composición

✂ Ensayo de opinión

En esta actividad se le pide al alumno que se coloque en circunstancias diferentes de las propias. Los estudiantes deben situarse en la época en que se desarrolla esta obra y expresar su punto de vista acerca del establecimiento de relaciones entre personas del sexo opuesto. Es importante que los alumnos entiendan que si quieren proponer cambios que tengan posibilidad de ser implementados, éstos deben ser razonables para poder tener éxito. Una propuesta extrema no sería tomada seriamente por nadie.

Acto tercero

Ampliemos nuestra comprensión

✈ Trayectoria del personaje

El objetivo de esta actividad es lograr que los alumnos seleccionen momentos claves en el desarrollo de un personaje en una obra literaria. La actividad combina capacidad de síntesis con breves comentarios, y puede incluir la utilización de dibujos o símbolos.

Entréguele una hoja en blanco a cada alumno. Basándose en las notas individuales que los estudiantes tomaron acerca de un personaje de la obra, deberán seleccionar los eventos más importantes que le acontecieron a dicho personaje y elaborar una línea que señale su trayectoria a través de la obra. Sobre la línea se colocarán los hechos concretos, y bajo la línea se indicará cómo estos hechos afectaron psiquicamente al personaje.

✈ Carta de recomendación

A través de esta actividad los alumnos deberán realizar un análisis de los requisitos dramáticos de los diversos roles en la obra así como de las cualidades de un buen director de teatro. Al escribir sus cartas explíqueles que deben ser muy convincentes y justificar su solicitud ya que de esa carta depende el que les den el trabajo o no.

✈ Afiche publicitario

En esta actividad final, elaborada en equipo, los alumnos producirán un cartelón anunciando el estreno de la producción local de *La casa de Bernarda Alba*. Con este objetivo, entréguele a grupos de cuatro alumnos un pedazo de papel blanco y colores, y asígneles entre veinte y treinta minutos para que elaboren su afiche. Recuérdeles a sus alumnos que un afiche debe atraer al público, invitarlo a que asista al teatro, y por lo mismo tiene que ser impactante además de incluir información básica acerca de las representaciones.

Conclusión de la unidad

Síntesis y conexión de conceptos

✂— Carta de un personaje a otro

Es importante que los alumnos tomen la literatura como un ejercicio para ampliar su visión de las cosas, considerando otros puntos de vista, razones y sentimientos. Por esta razón incluimos el ejercicio de correspondencia entre personajes ficticios.

Otro objetivo de esta actividad es que los alumnos aprendan a escribir cartas amistosas, incorporando sus elementos esenciales. Éstos incluyen: lugar y fecha, encabezado, cuerpo y despedida.

A continuación ofrecemos como modelo una carta de Martirio a Rigoberta Manchú.

Valderrubio, 2 de febrero de 1954

Querida Rigoberta:

Me ha impresionado mucho la historia de tu vida y tu sacrificio. ¡Cómo me gustaría conocerte personalmente y tener la oportunidad de sentarme a conversar contigo! Claro, al leer tu historia hemos dialogado en cierta forma. Por ejemplo, me has hecho entender que hay causas más importantes que las exclusivamente personales.

En esta casa hemos sufrido tanto porque, aisladas del mundo debido a la rigidez de nuestra madre, nosotras mismas éramos nuestro centro de atención sin interesarnos ni preocuparnos por lo que sucedía afuera. Mira lo que le pasó a Adela. Si ella hubiera tenido un pueblo por el cual luchar nunca se hubiera suicidado.

Por lo menos quiero contarte que a nuestra madre le afectó tanto la muerte de Adela que anda silenciosa por la casa y ya no trata de imponerse sobre nosotras.

¡Qué lindo sería si pudiéramos comunicarnos los unos con los otros a través de las fronteras! Enterarnos de otras historias nos permite ampliar nuestros horizontes. Yo quiero abrirme al mundo. ¿Cómo me recomiendas que lo haga? Ojalá puedas contestarme.

Cariñosamente,

Martirio

✂ Si yo pudiera

Esta actividad permite que los alumnos se introduzcan en el mundo recreado por una de las piezas literarias incluidas en este libro, y que la vivan, gocen o transformen según su preferencias o deseos. Cada estudiante debe escoger un cuento, poema u obra de teatro, y escribir un ensayo explicando por qué lo escogieron para vivir en él, y qué harían como uno de sus personajes: ¿vivirían las experiencias tal cual son descritas por el autor? ¿tratarían de cambiarlas? ¿de qué manera? ¿por qué razones?

✂ Una experiencia mía

Para esta actividad sería recomendable que usted relate a los alumnos una experiencia personal y luego les pida que determinen en qué unidad del libro la colocarían y por qué. Esta actividad ofrece además una oportunidad para que los estudiantes practiquen la expresión oral. La presentación deberá tomar entre tres y seis minutos.

✂ Canción

Toca la canción «He andado muchos caminos» y después haga que los estudiantes completen la actividad correspondiente en el libro de texto.